Cuando decir "lo siento" no es suficiente

Cuando decir

decir

 lo siento

no es

suficiente

CÓMO DISCULPARSE DE MANERA EFICAZ

GARY CHAPMAN Y JENNIFER THOMAS

EDITORIAL
PORTAVOZ

Título del original: *When Sorry Isn't Enough*, © 2013 por Gary Chapman y Jennifer Thomas y publicado por Northfield Publishing, 820 N. LaSalle Boulevard, Chicago, IL 60610. Traducido con permiso.

Edición en castellano: *Cuando decir "lo siento" no es suficiente* © 2019 por Editorial Portavoz, filial de Kregel Inc., Grand Rapids, Michigan 49505. Todos los derechos reservados. Este libro se publicó anteriormente como *Los cinco lenguajes de la disculpa*. El contenido se ha revisado y actualizado de forma significativa.

Traducción: Ricardo Acosta

EDITORIAL PORTAVOZ
2450 Oak Industrial Drive NE
Grand Rapids, Michigan 49505 USA
Visítenos en: www.portavoz.com

ISBN 978-0-8254-5874-3 (rústica)
ISBN 978-0-8254-6766-0 (Kindle)
ISBN 978-0-8254-7587-0 (epub)

1 2 3 4 5 edición / año 28 27 26 25 24 23 22 21 20 19

Impreso en los Estados Unidos de América
Printed in the United States of America

A Karolyn, quien ha aceptado mis disculpas
y me ha perdonado muchas veces
en nuestras cuatro décadas
como marido y mujer.

———

A mis padres, Jim y Frankie McCain,
gracias por las bendiciones de la vida y el amor.

Contenido

Introducción

POR QUÉ ES IMPORTANTE ESTO

"Mi hija llega tarde una y otra vez —me confesó una mujer—. Es una joven maravillosa, pero constantemente llega tarde: a cenar a nuestra casa, a la iglesia, a todas partes. No es algo de gran importancia, pero me gustaría que mostrara arrepentimiento aunque sea una sola vez".

Otra mujer a quien llamaré Lisa manifestó: "Amo mucho a mi esposo, pero estoy cansada de sus disculpas repetidas sin cambio de comportamiento, especialmente cuando se trata de los quehaceres hogareños. Que no solo diga: 'Lo siento, olvidé trapear el piso de la cocina'. ¡Que recuerde hacerlo!".

Jairo, de unos cincuenta años, está distanciado de su hermano, quién unos años atrás le quitó algo de dinero. Jairo declaró: "Nunca me ha dicho que se siente mal por lo que hizo. En realidad, no me importa el dinero, pero creo que él debería compensarme de alguna manera".

Micaela se divorció hace poco de su marido Samuel. Sin embargo, ella reconoce su parte en la desintegración del matrimonio, y Dios está guiándola a buscar reconciliación: "En el fondo creo que Dios está diciendo que vale la pena seguir este camino muy poco transitado". Estas ofensas van desde lo molesto hasta lo más devastador de la vida, pero en cada caso una relación necesita sanarse. Un error debe corregirse. ¿Dónde empezamos? Sara se preguntaba lo mismo cuando asistió a uno de mis seminarios matrimoniales. Se me acercó antes del inicio de la conferencia.

—¿Vas a hablar de la importancia de pedir disculpas? —preguntó.

—Ese es un tema interesante —contesté—. ¿Por qué lo preguntas?

—Bueno, lo único que mi esposo dice es "lo siento". Para mí, eso no es pedir perdón.

—¿Qué quieres entonces que él diga o haga? —cuestioné.

—Quiero que admita que está equivocado y me pida perdón. También deseo que me asegure que no volverá a cometer la misma falta.

La doctora Jennifer Thomas y yo hemos realizado una extensa investigación sobre la importancia de disculparse eficazmente, y lo que hemos aprendido nos ha convencido de que Sara no está sola en su deseo de tratar con asuntos de admitir equivocaciones y buscar perdón. No obstante, *disculparse* no es una palabra que signifique lo mismo para todo el mundo. Eso se debe a que tenemos diferentes "lenguajes" de la disculpa.

Jennifer comenta: "He visto esto a menudo en mi consulta. Un cónyuge expresa: 'Si tan solo él se disculpara', y el otro exclama: 'Me he disculpado'. Entonces se ponen a discutir acerca de qué significa disculparse. Desde luego, ambos tienen percepciones diferentes".

He observado numerosas parejas en mi oficina que muestran un comportamiento similar. Es obvio que no hay entendimiento mutuo. La supuesta disculpa no surte el efecto deseado de perdón y reconciliación. También recuerdo ocasiones en mi propio matrimonio en que Karolyn pedía disculpas que yo consideraba débiles, y otras veces en que me disculpé, pero ella tuvo dificultad en perdonarme porque dudó de mi sinceridad.

Creemos que ir más allá de un rápido "lo siento", o aprender a disculparse eficazmente puede ayudar a reavivar el amor que se ha atenuado por el dolor. Creemos que cuando todos aprendemos a disculparnos, y cuando entendemos el lenguaje de la disculpa del otro, podemos cambiar viejas excusas por sinceridad, confianza y alegría.

Todos somos dolorosamente conscientes del conflicto, la división, el enojo, y la lucha en nuestro mundo moderno, desde Washington, D.C., hasta el Medio Oriente, las calles de los centros de nuestras ciudades hasta las aldeas al parecer seguras de Nueva Inglaterra. Por tanto, concluiremos con un capítulo que a algunos podría parecer etéreo pero que creemos que contiene gran potencial: ¿Cómo sería el mundo si todos aprendiéramos a disculparnos de manera eficaz?

Únete a nosotros mientras exploramos lo que significa estar arrepentidos de veras, y de este modo avanzar hacia el verdadero perdón.

—Dr. Gary Chapman
—Dra. Jennifer Thomas

Corrección de errores

En un mundo perfecto no habría necesidad de pedir disculpas, pero no podemos sobrevivir sin ellas debido a que el mundo es imperfecto. Mi educación académica es el campo de la antropología, el estudio de la cultura humana. Una de las conclusiones obvias del antropólogo es que todas las personas tienen un sentido de lo moral: algunas cosas son correctas y otras incorrectas. La gente es incurablemente moral. A menudo, la psicología llama "conciencia" a esto. En teología, podría hacerse referencia a este asunto como "el sentido del *deber*" o el sello de lo divino.

Lo cierto es que la norma por medio de la cual la conciencia condena o aprueba está influida por la cultura. Por ejemplo, en la cultura esquimal (o inuit), si durante un viaje largo alguien se queda sin alimentos, puede entrar al iglú de un extraño y comer lo que haya disponible. En la mayoría de las demás culturas occidentales se considera que entrar a una casa inhabitada es "allanamiento de morada" o "violación de domicilio", un delito castigado por la ley. Aunque la norma de lo correcto puede diferir

La gente es incurablemente moral.

de una cultura a otra, y a veces incluso dentro de las mismas culturas, todas las personas tienen un sentido de qué es correcto y qué no lo es.

Cuando alguien siente que le infringen su percepción de lo correcto, experimentará ira. Se sentirá ofendido y resentido con quien le ha vulnerado la confianza. El acto ilícito llega a ser como una barrera entre las dos personas, y la relación se resquebraja. Aunque quisieran, no pueden vivir como si no hubiera pasado nada malo. Jairo, cuyo hermano lo engañó años atrás, declara: "Las cosas no han vuelto a ser iguales entre nosotros". Cualquiera que sea el agravio, algo dentro del agraviado reclama justicia. Son estas realidades humanas las que sirven de base para todos los sistemas judiciales.

EL DESEO DE RECONCILIACIÓN

Aunque la justicia puede traer un cierto sentido de satisfacción a la persona agraviada, por regla general no restaura las relaciones. Si atrapan a un empleado que se encuentra robando a la empresa, y lo juzgan, multan o encarcelan, todos dicen: "Se ha hecho justicia". Pero es probable que la empresa no restaure al empleado al lugar original de liderazgo. Por otra parte, si un empleado roba a la empresa, pero rápidamente se hace responsable del error, reporta la fechoría al supervisor, expresa arrepentimiento sincero, ofrece pagar por todas las injusticias, y suplica misericordia, existe la posibilidad de que al empleado se le permita permanecer en la empresa.

La humanidad tiene una asombrosa capacidad de perdonar. Recuerdo que hace algunos años visité la ciudad de Coventry, Inglaterra. Me hallaba en las ruinas de una catedral que fue bombardeada por los nazis en la Segunda Guerra Mundial. El guía contó la historia de la nueva catedral erigida al lado de las ruinas. Algunos años después de la guerra, un grupo de alemanes llegó para ayudar a construir la nueva catedral como un acto de contrición por los daños que sus compatriotas habían causado. Todos estuvieron de acuerdo en permitir que las ruinas permanecieran a la sombra de la nueva catedral. Ambas estructuras eran simbólicas: una representaba la crueldad del ser humano, y la otra el poder del perdón y la reconciliación.

Algo dentro de nosotros demanda reconciliación cuando una mala acción destruye una relación. El deseo de reconciliación a menudo es más poderoso que el deseo de justicia. Cuanto más íntima sea la relación, más profundo es el deseo de reconciliación. Cuando un esposo trata injustamente a su esposa, ella en su dolor y enojo se siente invadida tanto por un anhelo de justicia como por un deseo de mostrar misericordia.

> **El deseo de reconciliación a menudo es más poderoso que el deseo de justicia.**

Por una parte, ella quiere que él pague por su maldad; por otra parte, ansía reconciliación. Lo que hace posible la reconciliación auténtica es la petición sincera de disculpas por parte de él. Si no hay disculpas, el sentimiento de moralidad en ella la motiva a exigir justicia. Muchas veces a lo largo de los años he observado procedimientos de divorcio, y he visto cómo el juez intenta determinar lo que es justo. Con frecuencia he pensado que, de haber habido disculpas sinceras, el triste resultado habría cambiado.

He mirado a los ojos de un adolescente furioso y he reflexionado en lo diferente que sería su vida si su padre maltratador le hubiera pedido perdón. Si no hay disculpas, la ira brota y nos impulsa a exigir justicia. Cuando, como hemos visto, la justicia no llega, es frecuente que tomemos las cosas en nuestras manos y tratemos de vengarnos de los que nos han perjudicado. La ira se intensifica y puede acabar en violencia. El hombre que entra a la oficina de su ex empleador y dispara contra el supervisor y tres compañeros de trabajo, arde con un sentimiento de injusticia, hasta el punto en que solamente la venganza asesina corregirá la ofensa. Las cosas podrían haber sido diferentes si el individuo hubiera tenido el valor de confrontarlos amablemente, y los otros hubieran tenido el valor de expresar: "Me equivoqué".

¿PUEDES PERDONAR SIN QUE HAYA DISCULPAS?

Sincero perdón y reconciliación son transacciones entre dos individuos que se hacen realidad cuando se pide disculpas. Algunos, en particular dentro de la perspectiva cristiana del mundo, han enseñado perdón sin disculpas. A menudo citan las palabras de Jesús: "Si no perdonáis a los hombres sus ofensas, tampoco vuestro Padre os perdonará vuestras ofensas".[1] Por tanto, le dicen a la esposa cuyo marido ha sido infiel y continúa en su aventura adúltera: "Debes perdonarlo, o Dios no te perdonará". Tal interpretación de la enseñanza de Jesús no considera el resto de enseñanzas bíblicas sobre el perdón. Los cristianos tenemos instrucciones de perdonar a los demás en la misma forma que Dios nos perdona. ¿Cómo nos perdona Dios? La Biblia declara que si confesamos nuestros pecados, Dios nos perdonará.[2] Nada en el Antiguo o el Nuevo Testamento indica que Dios perdona los pecados de personas que no los confiesan ni se arrepienten de ellos.

> **Cuando un pastor alienta a una esposa a perdonar al marido descarriado mientras este sigue en su maldad, el ministro está exigiendo a la esposa algo que Dios mismo no hace.**

Cuando un pastor alienta a una esposa a perdonar al marido descarriado mientras este sigue en su maldad, el ministro está exigiendo a la esposa algo que Dios mismo no hace. La enseñanza de Jesús es que siempre debemos estar dispuestos a perdonar, como Dios está dispuesto a perdonar

---

1 Mateo 6:15.
2. Efesios 4:32; 1 Juan 1:9.

siempre a quienes se arrepienten. Algunos objetarán esta idea, indicando que Jesús perdonó a quienes lo crucificaban. Pero eso no es lo que enseña la Biblia. Al contrario, Jesús oró: "Padre, perdónalos, porque no saben lo que hacen".[3] Jesús expresó su corazón compasivo y su deseo de ver perdonados a sus asesinos. Ese debería ser nuestro deseo y nuestra oración. Pero el perdón les llegaría más tarde, cuando reconocieron que en realidad habían matado al Hijo de Dios.[4]

El perdón sin petición de disculpas a menudo se alienta para beneficio del perdonador y no del ofensor. Tal perdón no produce reconciliación. Cuando no hay disculpas, se anima al cristiano a llevar a la persona ante Dios en busca de justicia[5] y liberar su propio enojo ante Dios por medio de la paciencia.[6]

Dietrich Bonhoeffer, el gran teólogo que fue martirizado por los nazis en un campo de concentración en 1945, argumentó contra la "predicación del perdón sin exigir arrepentimiento". Se refirió a tal perdón como "gracia barata [que] significa la justificación del pecado sin la justificación del pecador".[7]

El perdón verdadero elimina la barrera que fue creada por el agravio y abre la puerta para que con el tiempo se restaure la confianza. Si la relación era cálida e íntima antes del agravio, puede volver a ser amorosa. Si la relación fue simplemente de conocimiento casual, puede crecer a un nivel más profundo a través del proceso dinámico del perdón. Si la ofensa fue creada por una persona desconocida como un violador u homicida, no

3. Lucas 23:34.
4. Hechos 2:22-24, 40-41.
5. Romanos 12:19.
6. Para mayor explicación sobre cómo liberar la ira almacenada, véase Gary Chapman, *El enojo: Cómo manejar una emoción poderosa de una manera saludable* (Grand Rapids: Portavoz, 2009).
7. Dietrich Bonhoeffer, *El costo del discipulado* (Buenos Aires: Peniel, 2017), p. 44.

hay relación que deba restaurarse. Si el ofensor ha pedido disculpas y le has perdonado, ambos son libres para continuar la vida, aunque el malhechor aún tenga que enfrentar el sistema judicial creado por la cultura a fin de tratar con la conducta desviada.

EL CONTENEDOR DE CINCO GALONES

Cuando pedimos perdón, aceptamos la responsabilidad por nuestro proceder, esforzándonos por compensar a la persona agraviada. La disculpa sincera abre la puerta a la posibilidad de perdón y reconciliación. Entonces podemos seguir edificando la relación. Sin disculpas, el agravio se asienta como una barrera, y la calidad de la relación disminuye. Las buenas relaciones se caracterizan siempre por una disposición de disculparse, perdonar y reconciliarse.

Las disculpas sinceras también mitigan una conciencia culpable. Imagina tu conciencia como un envase de cinco litros amarrado a tu espalda. Siempre que agravias a otra persona, es como si derramaras un galón de líquido en tu conciencia. Tres o cuatro ofensas, y tu conciencia se llena y es más pesada. Una conciencia llena nos deja con sentimientos de culpa y vergüenza. La única manera de vaciar eficazmente la conciencia es pedir perdón a Dios y a la persona que hemos ofendido. Cuando hacemos esto, podemos mirar a Dios al rostro, podemos mirarnos en el espejo, y podemos mirar a los ojos a la otra persona, no porque seamos perfectos sino porque hemos estado dispuestos a ser responsables de nuestro pecado.

Es posible que cuando fuimos niños, aprendiéramos o no el arte de disculparnos. En familias saludables, los padres enseñan a sus hijos a disculparse. Sin embargo, muchos niños crecen en familias disfuncionales donde el dolor, la ira y la amargura son una forma de vida y nadie se disculpa.

CÓMO ES EL AMOR VERDADERO

La buena noticia es que podemos aprender el arte de disculparnos. Lo que hemos descubierto en nuestra investigación es que hay cinco aspectos fundamentales de una disculpa. Los llamamos los cinco lenguajes de la disculpa. Cada uno de ellos es importante. Pero, para un individuo en particular, puede que uno o dos de los lenguajes se comunique de manera más eficaz que los demás. La clave de las buenas relaciones es aprender el lenguaje de la disculpa de la otra persona y estar dispuestos a expresarlo. Cuando hablamos ese lenguaje principal, le hacemos más fácil a la otra persona perdonarnos sinceramente. Si no hablamos ese lenguaje, el perdón se dificulta porque la persona no está segura de que estemos pidiendo disculpas sinceras.

Al entender y aplicar los cinco lenguajes de la disculpa se mejoran en gran manera todas nuestras relaciones.

En los próximos cinco capítulos explicaremos los cinco lenguajes. Y en el capítulo 7 mostraremos cómo descubrir tanto nuestro propio lenguaje de la disculpa como el de la otra persona, y cómo esto puede hacer más productivos nuestros esfuerzos por disculparnos.

Amor significa a menudo disculparnos... una y otra vez. El amor verdadero se caracteriza por las disculpas de la parte ofensora y el perdón de la parte ofendida. Esta es la senda hacia relaciones restauradas y amorosas. Todo empieza cuando aprendemos a expresar el lenguaje correcto de la disculpa al ofender a alguien.

Hablemos

He aquí una serie de preguntas diseñadas para despertar interacción y potenciar ideas. Comunícaselas a tu cónyuge, a un amigo cercano, o en un grupo pequeño, o úsalas para reflexión personal.

Analiza la declaración del autor: "La gente es incurablemente moral". ¿Estás de acuerdo? ¿Discrepas?

Cuenta una historia que hayas escuchado o experimentado que muestre la "asombrosa capacidad de perdonar" de la humanidad.

Quienes más nos importan son los más afectados por nuestras disculpas. ¿Quiénes son las personas en tu vida que resultarán más afectadas por tu aprendizaje en el ámbito de pedir disculpas?

Capítulo 2

"Lo siento"

EXPRESAR ARREPENTIMIENTO

Quienes experimentamos acoso escolar durante nuestro crecimiento (o que vimos a nuestros hijos siendo víctimas de esto) sabemos que las cicatrices pueden ser profundas y durar mucho tiempo. Pero algunos estudiantes de escuelas primarias en Luisiana están aprendiendo una lección importante. En una reciente reunión en contra del acoso escolar en una escuela en Lafayette, Kyannah Mathis, de solo siete años, admitió que en ocasiones había intimidado a algunos de sus compañeros de clase. La niña confesó que había estado sintiéndose triste desde la muerte de su abuela, y pensaba que tal vez intimidaba a otros para descargar algo de esa tristeza. Con el estímulo del facilitador Asher Lyons, Kyannah llamó a dos de sus amigas y se disculpó ante ellas, les pidió perdón y les preguntó qué podía hacer para arreglar las cosas. Las chicas se dieron la mano y acordaron ser amigas.

Kyannah manifestó después del programa: "Me siento mucho mejor porque ya no estoy enojada". En cuanto a sus amigas, Nevaonna Alfred, de ocho años, dijo que estaba agradecida que Kyannah había recibido ayuda, y que cuando la intimidaban, sentía que quería estar enojada también. Luego añadió: "Únicamente deseo que seamos amigas".[1]

Hace años, yo (Gary) estaba viendo a Oliver North, el famoso oficial militar y escritor, hablar sobre Jane Fonda en un programa de entrevistas. Se refería a los "actos de traición" que supuestamente Jane Fonda había perpetrado durante la Guerra de Vietnam.

—Pero ella se disculpó —interrumpió el presentador Alan Colmes.

—No, ella no se disculpó —aseguró North.

—Ella dijo que lo sentía —respondió Colmes.

—Esa no es una disculpa —cuestionó North—. Jane no declaró: "¿Me perdonan?". "Lo siento" no es una disculpa.

Además de sus diferencias políticas, Oliver North y Alan Colmes claramente no estaban de acuerdo en lo que una disculpa representa. Quizás podrían aprender una lección de Kyannah y Nevaonna.

DÓNDE EMPIEZA

En 2013, Lance Armstrong admitió ante Oprah que había engañado por dopaje, mintiendo al respecto y demandando a personas inocentes como parte de su encubrimiento. El tiempo dirá si esta confesión ayudará a salvar el legado de Armstrong.

¿Basta con decir "lo siento"?

Quizás no siempre, como veremos. Pero sí forma la base de nuestro primer lenguaje de la disculpa: *Expresar arrepentimiento*. Este es el aspecto emocional de una disculpa. Es expresar a la persona agraviada tu propio sentimiento de culpa, vergüenza y dolor que tu comportamiento le ha causado profundamente.

---

1. Amanda McElfresh, "Anti-bullying program brings students together", *theadvertiser.com*, 14 de diciembre de 2012. http://www.theadvertiser.com /article/20121214/NEWS01/212140323/Anti-bullying-program-brings -students-together.

Es interesante que cuando Robert Fulghum escribió en su libro *Las cosas importantes las aprendí en el parvulario,* incluyera "Decir lo siento cuando hieres a alguien" como una de las cosas que aprendió.[2] Expresar arrepentimiento es fundamental para las buenas relaciones.

La disculpa nace en el seno del arrepentimiento. Lamentamos el dolor que hemos causado, la desilusión, las molestias, y la traición a la confianza. Arrepentirnos se enfoca en lo que hicimos o no hicimos, y en cómo esto afectó a la otra persona. El agraviado experimenta emociones dolorosas, y quiere que sintamos algo de su dolor. Quiere alguna evidencia de que comprendemos cuán profundamente lo hemos herido. Para algunas personas, esto es lo único que escuchan en una disculpa. Sin la expresión de arrepentimiento, la persona no siente que la disculpa sea adecuada o sincera.

> **Arrepentirnos se enfoca en lo que hicimos o no hicimos, y en cómo esto afectó a la otra persona.**

DECIR LAS PALABRAS MÁGICAS

Un simple "lo siento" puede contribuir en gran medida a restablecer la buena voluntad. La ausencia de las palabras "lo siento" es algo fuera de lugar para algunos. Muy a menudo, los ofensores no se dan cuenta de que no han dicho algunas "palabras mágicas", pero puedes estar seguro de que el oyente escudriña el silencio en busca de esas palabras ausentes.

Voy (Jennifer) a contar una historia personal. La primavera pasada formé parte de un grupo de mujeres que recibieron premios de fin de año por haber dirigido cada una un grupo pequeño. Seleccioné mi premio del catálogo de una asesora comercial y, con

2. Robert Fulghum, *Las cosas importantes las aprendí en el parvulario* (Barcelona: Salvat, 2005), p. 4.

ansias, esperé la llegada de mi regalo de agradecimiento. Vino el verano y se fue sin la entrega de mi producto. Comencé a preguntarme: *¿Dónde está mi pedido?* Cuando llegó el fin de año sin recibir el paquete, concluí que mi pedido no llegaría. Decidí realmente en ese instante que no valía la pena tratar el problema con nadie. Razoné que había disfrutado guiando al grupo, y dejé de pensar en el asunto reflexionando: "Lo que viene fácil, fácil se va".

Imagina mi sorpresa cuando la primavera siguiente recibí un mensaje telefónico de la asesora. ¡Me dijo que mientras limpiaba cajas encontró mi pedido! Cerró el mensaje telefónico diciendo simplemente que quería disponer que me entregaran el artículo. Por mi parte, me sorprendió en gran manera estar en posición de recibir aquello a lo que había renunciado. No obstante, algo me molestaba. Reproduje su mensaje y confirmé mi sospecha. Ella no había dicho: "Siento mucho haberme equivocado", ni expresó ninguna clase de arrepentimiento. Rápidamente yo habría aceptado tal disculpa.

Esto me hizo reflexionar en el asunto el tiempo suficiente para escribirlo y preguntarme cuán a menudo yo hacía lo mismo. ¿Corrijo problemas, pero no asumo responsabilidad ni expreso arrepentimiento? Las palabras mágicas "lo siento" habrían hecho que todo fuera diferente para mí.

"QUIERO QUE ÉL ENTIENDA CÓMO ME HIRIÓ"

Muchas personas pueden identificarse con la experiencia de Jennifer. Karen vive en Duluth, Minnesota. Ha estado casada durante veintisiete años con su esposo José.

—¿Qué buscas en una disculpa cuando José te ha hecho daño? —le pregunté.

—Más que nada quiero que entienda cómo me lastimó y por qué lo hizo —respondió inmediatamente—. Quiero que vea las cosas desde mi perspectiva. Espero oírle decir: "Perdóname. Lo siento de veras". Ayuda que me dé una explicación del modo en que sus acciones me hirieron. De esa forma sé que entiende. Si se trata de algo realmente malo, espero que sienta la más absoluta desdicha y deseo que esté muy triste por el dolor que me ocasionó.

—Cuando dices "realmente malo", ¿en qué clase de cosas piensas? —pregunté.

—Como la vez que llevó a almorzar a una chica de la oficina sin decírmelo. Me lo contó una amiga, y me dolió mucho. Creo que si él hubiera tratado de justificarlo, yo nunca lo habría superado. Mira, mi esposo no es el tipo de hombre que lleva a almorzar a otra mujer. Comprendí que debió haber sentido un poco de fascinación por ella, o no lo habría hecho. José admitió que yo tenía razón y me confesó cuánto lo lamentaba. Expresó que sabía que yo nunca saldría con otro hombre y que, si lo hiciera, a él le dolería profundamente. También dijo que estaba arrepentido por lo que había hecho y deseó nunca haber actuado así. Supe que era sincero cuando vi lágrimas en sus ojos.

Para Karen, lo básico de una disculpa es una expresión sincera de arrepentimiento.

¿QUÉ DICE TU CUERPO?

Es importante que nuestro lenguaje corporal concuerde con lo que decimos si esperamos que la persona ofendida sienta nuestra sinceridad. Karen mencionó las lágrimas de José como evidencia de que era sincero. Mira lo que otra esposa expresó: "Sé cuándo mi esposo siente sinceramente pena por algo que ha hecho, porque se vuelve muy silencioso y sus gestos físicos se hacen introvertidos. Pide disculpas con voz suave y la cabeza inclinada. Esto me muestra que se siente realmente mal. Entonces sé que es auténtico".

Roberto y Carmen han estado casados por siete años. Cuando le pregunté: "¿Cómo sabes que Carmen es sincera cuando se disculpa?", su respuesta fue: "Contacto visual. Si me mira a los ojos y dice 'lo siento', sé que es sincera. Si declara 'lo siento' mientras recorre la habitación, sé que esconde algo. Un abrazo y un beso después de la disculpa también me hace saber que es sincera".

Roberto ilustra la realidad de que a veces nuestro lenguaje corporal se expresa más fuerte que nuestro lenguaje hablado. Esto es especialmente cierto cuando ambos lenguajes se contradicen. Por ejemplo, una esposa manifestó: "Cuando él me grita: '¡Dije que lo siento!' pero los ojos le brillan y las manos le tiemblan, es como si tratara de hacer que lo perdone. Me parece que está más preocupado en seguir adelante y olvidarse del asunto que en disculparse de veras. Es como si mi dolor no importara, como si comunicara: simplemente sigamos con la vida".

¿TE ARREPIENTES DE QUÉ?

Una disculpa tiene más efecto cuando es específica. Luciana captó esta idea cuando expresó: "Espero que quien pide disculpas diga: 'Siento haber ____', y que luego sea específico acerca de lo que lamenta". Cuando somos específicos, comunicamos a la persona agraviada que entendemos realmente cuánto la hemos herido. Lo específico pone el enfoque en la acción y en cómo afectó a la otra persona.

Y cuantos más detalles podamos dar, mejor. Si yo (Jennifer) dejara plantado a alguien para ir al cine, no diría simplemente: "Lamento no haber llegado a la película". Significaría más para la persona plantada que yo enumerara todas las maneras en que mi acción la afectó: "Sé que saliste de tu casa a tiempo y dejaste lo que estabas haciendo. Llegaste hasta aquí en medio del tráfico de las horas pico, tuviste que esperarme, y sin duda te preocupaste por mi bienestar. Sé que te gusta ver la película completa y mi negligencia pudo haberte imposibilitado disfrutarla, ya que te perdiste el principio. Imagino el enojo que yo sentiría si alguien me hubiera hecho esto. Tienes derecho de estar furioso, desilusionado, frustrado y dolido, y quiero que sepas que estoy sinceramente arrepentida por mi irresponsabilidad".

Los detalles revelan tu profunda comprensión de la situación y de cuántas molestias causaste a tu amigo.

"¿QUÉ CLASE DE DISCULPA ES ESA?"

El arrepentimiento sincero también debe ser independiente. No debería estar seguido de "Pero...". Rodrigo, quien ha estado casado tres años con su segunda esposa, declara: "Sé lo que mi esposa quiere decir cuando manifiesta: 'Lo siento. Sé que te hice daño al gritarte'. Entonces no sigue acusándome de hacerla enojar. Mi primera esposa me culpaba siempre de todo".

Muchos individuos en nuestra investigación hicieron declaraciones parecidas a esta: "Ella se disculpa, pero después se vuelve y echa la culpa de sus acciones a algo que *yo* hice".

Brenda recuerda bien uno de los intentos fallidos de su esposo de disculparse:

"Mi primera esposa me culpaba siempre de todo".

sucedió la noche antes que asistieran a uno de mis seminarios matrimoniales. Su marido fue a una fiesta de cumpleaños número cincuenta de un amigo, dejando a Brenda en casa con sus cuatro hijos. Ya que su esposo normalmente trabajaba en el turno de 10 p.m. a 6 a.m., ella había esperado que pasarían juntos una velada valiosa.

"A pesar de mi disgusto, él se fue y dijo que regresaría en una hora —recuerda Brenda—. Dos horas después apareció cuando todos estábamos en cama. Se disculpó, pero añadió que yo estaba actuando como un bebé y que él tenía derecho de salir. Así que sus palabras no ayudaron para nada, pues estaba humillándome. Mi oración era que cuando él llegara a casa, yo no tuviera una mala actitud. Pero me hallaba tan furiosa que la oración no funcionó".

Cada vez que echamos verbalmente la culpa a la otra persona, pasamos de una disculpa a un ataque. Los ataques nunca conducen a perdón y reconciliación.

Megan, una soltera de veintinueve años que ha estado comprometida en una relación de noviazgo por tres años, expresó: "Cada vez que a una disculpa le sigue una excusa por el agravio, la excusa anula en mi mente la disculpa. Tan solo admite que, ya sea con intención o sin ella, me heriste o no cumpliste mis expectativas. No te disculpes para luego dar excusas por tu agravio. Déjalo en la disculpa".

Como hermanas, Juanita y Jazmín a menudo estaban en conflicto. Cada una quería tener una relación mejor, pero ninguna parecía saber cómo hacerlo. Cuando le pregunté a Jazmín: "¿Se disculpa Juanita alguna vez cuando pierde los estribos?", ella respondió: "¡Oh, siempre!, pero luego dice algo como 'solo me gustaría que dejaras de humillarme. Sé que no soy tan educada como tú, pero eso no significa que puedas tratarme como basura'. ¿Qué clase de disculpa es esa? ¡Ella me echa toda la culpa!".

DISCULPAS QUE NO MANIPULAN AL OTRO

Una expresión de arrepentimiento sincero no debería manipular a la otra persona para que actúe con reciprocidad. Natalia y Ramón han estado saliendo durante dos años y atraviesan momentos difíciles. Ella se quejó: "Ramón ha dicho a veces que lo lamenta. Pero luego espera que yo también diga lo mismo, aunque no sienta que deba hacerlo porque en primer lugar fue él quien ocasionó la pelea. Eso simplemente no funciona conmigo. Quiero que diga que lo siente sin esperar nada a cambio. Eso significaría que está arrepentido de veras".

En ocasiones herimos a las personas sin darnos cuenta. Tal vez no sea algo intencional. Las buenas relaciones se fomentan al expresar arrepentimiento incluso cuando hacemos daño en forma involuntaria. Si tropiezo con alguien al salir de un ascensor, murmuro: "Lo siento", no por tropezar adrede sino porque me identifico con la molestia o irritación causada por mi choque sin intención. El mismo principio se aplica en relaciones cercanas. Quizás no te des cuenta de que tu proceder ha irritado a tu cónyuge, pero cuando la actitud se vuelve evidente, puedes declarar: "Siento mucho que mi conducta te haya causado tanto dolor. No tenía la intención de ofenderte".

El arrepentimiento se enfoca en tratar con nuestra propia conducta y expresar empatía por el daño que hemos causado a la otra persona. La falta de sinceridad también se comunica cuando decimos "lo siento" simplemente para que la otra persona deje de confrontarnos con el problema. Rosa sintió esto cuando declaró: "Al principio de nuestro matrimonio, mi esposo hizo algo realmente perjudicial. Rechazó por completo disculparse o arrepentirse. Entonces finalmente dijo que lo lamentaba, pero fue solo para librarse de mí. Sus acciones hablaron más fuerte que sus palabras, e indicaron: '¡Basta! Quiero salir de esta trampa'. Él no veía que lo que había hecho estaba mal y que me había herido profundamente".

"ESPERO QUE PUEDAS PERDONARME"

Escribir una carta de disculpas puede ayudar a recalcar tu sinceridad. Disculparte por escrito podría dar mayor peso emocional, porque tu cónyuge o amigo puede leer la disculpa una y otra vez. El proceso de escribir también puede ayudarte a clarificar tu arrepentimiento y expresarlo verbalmente en un modo positivo. He aquí una carta que una de mis clientas (de Jennifer) recibió de su esposo. Ella me dio permiso para publicarla.

Querida Olivia:

Quiero pedirte perdón por llegar tarde esta noche y por no hacerte saber tan pronto como pude anticipar que volvería a llegar tarde. Sé que este fue un día terriblemente difícil para ti con los niños. Hubiera deseado mucho haber podido estar aquí para ayudar, o al menos haber estado a tiempo para socorrerte. Mi corazón se destrozó cuando a las 6:30 p.m. recibí tu mensaje de las 4:45 p.m. en que me pedías ayuda y que llegara a casa a tiempo. Detesté pensar que cada momento desde entonces debiste haber estado esperando que yo regresara. Lamento de veras que el hecho de que yo no estableciera límites con mi jefe te obligara a llevar hoy una carga extra. Me esforzaré por ser más confiable. Lo siento, y espero que puedas perdonarme.

Con arrepentimiento, tu esposo que te ama.

José

Olivia escribió al final de la página: "Perdonado", y la fecha. Obviamente, la expresión de arrepentimiento de José conmovió a Olivia, quien sintió la sinceridad de su esposo y estuvo dispuesta a perdonarlo.

EL PODER DE LA FRASE "LO SIENTO"

Observa lo que las siguientes personas tuvieron que decir respecto al primer lenguaje de la disculpa: *expresar arrepentimiento*.

"Mi esposo había hecho comentarios frente a nuestros amigos acerca de que yo tenía sobrepeso y que comía demasiado. Me hallaba profundamente herida. Más tarde esa noche dijo que sabía que la situación era muy incómoda para mí y que lamentaba lo que había hecho para crearla con sus palabras hirientes. Lo perdoné porque sentí que era sincero".

—Marilyn, de cincuenta y tres años, y casada once años con su segundo esposo

"Quiero una disculpa que venga del corazón de quien me hirió, que lamente verdaderamente la acción que causó mi dolor. En otras palabras, quiero que se sienta mal por hacerme sentir mal".

—Vicky, de veintiséis años y soltera

"Él vino tarde a casa una noche, pero pidió perdón por desilusionarme. Le dije que no se preocupara; comprendí lo que había pasado. Siguió diciendo que le contrariaba mucho haberme desilusionado; eso me hizo sentir realmente bien".

—Marina, de veintiocho años, dos años de casada

"[Es una disculpa auténtica] que ella exprese verdaderos sentimientos de estar arrepentida, que manifieste comprensión de mis sentimientos, y que actúe como si lamentara haberme hecho daño".

—Carlos, de cuarenta, casado durante veinte años

"Quiero ver que se sienta culpable por lo que hizo o dijo, y que lo lamente de veras".

—Tomás, de treinta y cuatro años y soltero

Para estas y muchas otras personas, el lenguaje de expresar arrepentimiento tiene mucha importancia en el proceso de sanidad y restauración. Si quieres que aquellos a quienes heriste sientan tu sinceridad, debes aprender a hablar el lenguaje del arrepentimiento, que se enfoca en el dolor causado, en tu comportamiento, y en cómo estos dos aspectos se relacionan. Se trata de comunicar que te sientes dolido porque sabes que tus acciones han hecho daño a la persona. Es esta identificación con su dolor lo que estimula en el otro una disposición de perdonar.

Si estás dispuesto a expresar arrepentimiento, he aquí algunas declaraciones que podrían ayudarte a hacerlo.

DECLARACIONES DE ARREPENTIMIENTO

Ahora sé que te herí profundamente. Eso me causa inmenso dolor. Me arrepiento de veras por lo que hice.

Me siento realmente mal por haberte desilusionado. Debí haber sido más considerado. Lamento haberte causado tanto dolor.

Es obvio que en ese momento yo no estaba pensando muy bien. No pretendí hacerte daño, pero ahora puedo ver que mis palabras estuvieron fuera de lugar. Siento mucho haber sido tan insensible.

Lamento haber traicionado tu confianza. He creado un obstáculo en nuestra relación, y quiero eliminarlo. Comprendo que incluso después de disculparme podrías tardar algún tiempo en volver a aventurarte en la senda de confiar en mí.

Le prometimos un servicio que no le proporcionamos. Lamento que nuestra empresa claramente haya incumplido esta vez.

Hablemos

¿Has tenido experiencias infantiles similares a las descritas al principio de este capítulo? ¿Hay alguien de tu pasado a quien te gustaría decir "lo siento"?

¿Has lastimado alguna vez a alguien sin intención de hacerlo? ¿Qué hiciste al darte cuenta de que habías herido a alguien? ¿Qué busca la mayoría de personas en una disculpa?

Capítulo 3

"Me equivoqué"

ACEPTAR LA RESPONSABILIDAD

Como jefe, Larry solía mantener la calma, pero en este día particular se le agotó la paciencia. Le habló con dureza a uno de sus empleados. El mensaje era verdadero; y el reproche, necesario; pero había hablado con enojo y sus palabras habían sido hirientes. Después se sintió mal, pero se dijo: *Lo que dije es verdad, y el chico debe madurar. Tiene que saber que no soy un pelele.*

A Juana le costaba recordar citas, especialmente aquellas que caían los fines de semana, en que no miraba a menudo el calendario. Por lo que otra vez estaba llegando a mitad de una reunión de planificación del vecindario. La mente de Juana repasó listas de razones para su confusión acerca de la hora de la reunión. Al principio de la lista estaba su reciente regreso de un viaje a lo largo del país. No sabía qué día era, mucho menos a qué hora era. Mientras tanto, los demás en la reunión sentían que ella les debía una disculpa por llegar tarde otra vez.

El joven Simón estaba dolorido después de un procedimiento médico. Su madre trató de consolarlo e insistió en que tomara los analgésicos. Por desgracia, Simón rechazó a su bienintencionada madre. Él sabía que su actitud fue desagradable y degradante, pero se dijo: *La medicina puede hacer que cualquiera actúe en forma alocada. Mamá debería entenderlo.*

Tres escenarios distintos: palabras desagradables, falla en superar errores, y rabietas. Larry, Juana y Simón experimentaron sentimientos de culpa. Sin embargo, sintieron que sus pretextos excusaban su necesidad de disculparse.

A menudo, nuestra renuencia a admitir malas acciones está ligada a nuestro sentido de autoestima.

Tales acciones han destrozado relaciones. Una simple disculpa pudo haber cambiado mucho las cosas, pero significaba aceptar la responsabilidad por las propias acciones.

¿Por qué es tan difícil para algunos de nosotros reconocer: "Me equivoqué"? A menudo, nuestra renuencia a admitir malas acciones está ligada a nuestro sentido de autoestima. Admitir que estamos equivocados se percibe como debilidad. Podemos razonar: *Solamente los perdedores confiesan. Las personas inteligentes tratan de mostrar que sus acciones son justificadas.*

Con frecuencia, las semillas de esta tendencia autojustificada se plantan en la infancia. Cuando a un niño se le castiga, condena o avergüenza en forma excesiva por infracciones menores, disminuye el sentimiento de valía personal. Subconscientemente, el niño hace el vínculo emocional entre comportamiento y baja autoestima. Por tanto, admitir lo incorrecto es ser "malo". El niño que crece con este patrón emocional tendrá dificultad en admitir sus malas acciones como adulto porque hacerlo amenaza su autoestima.

La buena noticia es que, como adultos, podemos comprender estos patrones emocionales negativos, pero sin dejarnos encarcelar por ellos. La realidad es que todos somos pecadores; no existen adultos perfectos. Los adultos maduros aprenden a romper los patrones dañinos de la infancia y aceptan la responsabilidad por sus propias fallas. El adulto inmaduro siempre está justificando su propia mala conducta.

"NO ES CULPA MÍA"

Tal racionalización toma a menudo la forma de culpar a otros. Podemos admitir que lo que hicimos o dijimos no fue lo mejor, pero que nuestro comportamiento fue provocado por las acciones irresponsables de la otra persona. Por tanto, culpamos a los demás y nos resulta difícil admitir que "nos equivocamos". Tal culpa también es una señal de inmadurez. Por naturaleza, los niños culpan a otros por su comportamiento negativo. Recuerdo una vez en que al ser confrontado por tirar de la mesa un vaso que ahora estaba hecho añicos en el suelo, mi hijo de seis años de edad explicó: "Se tiró solito". Hasta el día de hoy, mi esposa y yo solemos decirnos en broma al ser confrontados por una acción irresponsable: "Se tiró solito". Ambos sabemos que estamos bromeando, pero se siente muy bien echarle la culpa a "ello" en lugar de a "mí".

Los adultos maduros aprenden a aceptar la responsabilidad por su comportamiento, mientras que los inmaduros continúan con fantasías infantiles y tienden a culpar a otros por sus equivocaciones.

En el centro mismo de aceptar la responsabilidad por la conducta propia está la disposición de admitir: "Me equivoqué". Paul J. Meyer, fundador de Success Motivation, Inc., y coescritor de *Caldo de pollo para el alma de la edad de oro*, declaró: "Uno de los factores más importantes del éxito es la disposición de admitir que nos equivocamos".[1] Estoy de acuerdo con el doctor Spencer Johnson, quien manifestó: "Pocas cosas son más poderosas que

1. Según se cita en Ken Blanchard y Margret McBride, *The One Minute Apology* (Nueva York: Harper Collins, 2003), p. 1.

tener sentido común, sabiduría y fortaleza para admitir que hemos cometido una equivocación y arreglar las cosas".[2] Aprender a decir "me equivoqué" es un paso importante para convertirnos en adultos responsables y triunfantes.

LA MUJER EN LA PUERTA

La bloguera Reese Andrews escribió una historia conmovedora:

Mi hijo menor, Asher, de diez años tiene epilepsia y parálisis cerebral, y usa silla de ruedas. Ayer, cuando mi esposo estaba subiendo a Asher y su silla de ruedas al autobús escolar, una joven que conducía lentamente pasó al autobús detenido a pesar de que está prohibido hacerlo. Ella sabía lo que hacía. Miró a mi esposo a los ojos cuando se acercaba al final del bus, y él observó cómo la chica atravesaba la intersección y se alejaba.

Ojalá yo pudiera decir que esto fue un suceso excepcional, pero por desgracia sucede al menos una vez al mes. Alguien está demasiado ocupado y tiene demasiada prisa para detenerse mientras un autobús carga o descarga niños. Sin embargo, lo que ocurrió a continuación fue totalmente fuera de lo común.

Como una hora después escuchamos que tocaban a la puerta principal. Era la mujer que había pasado al autobús. Temblaba.

—Estoy muy apenada por lo que hice —señaló—. Fue una falta de respeto hacia su hijo y su familia.

Nos quedamos atónitos.

—Yo tenía prisa, y se me hacía tarde, y sabía que debía detenerme, por eso es que pasé muy lentamente, pero en lo que estaba pensando era en el lugar a dónde debía llegar. Lo siento mucho.

Sí, ella hizo algo que no estaba bien. En realidad, había violado la ley. Pero nunca me he topado con alguien que tuviera tanto dolor

---

2. Ibíd., p. x.

y remordimiento. No podía creer que la joven tuviera las agallas para venir a nuestra puerta a disculparse, sin saber cuál sería nuestra reacción... Lo que realmente me conmovió fue que asumió la responsabilidad total de sus acciones. ¿Con qué frecuencia sucede esto?

Ella estaba en nuestra puerta, físicamente temblando con angustia por lo que había hecho. Necesitaba oír que la perdonábamos.

—Muchísimas gracias. Aprecio de veras eso —le contestó mi esposo.

La joven sonrió, en forma débil pero agradecida, se disculpó otra vez y se fue.

Creo que esa experiencia nos mejoró a todos y nos hizo sentir profundo aprecio por el poder que tenemos los seres humanos para arreglar situaciones.[3]

"ES COMO SI ÉL NO COMETIERA ERRORES"

Al confesar su error, la mujer en la puerta expresó una sincera disculpa. Mucha gente necesita escuchar las mismas palabras, "Me equivoqué. Asumo la responsabilidad", como parte del proceso de reconciliación. Comprender esta realidad puede cambiar las cosas cuando sinceramente deseamos disculparnos por nuestro comportamiento.

Ricardo y Yolanda estaban en mi oficina después de cinco años de matrimonio. Económicamente las cosas iban bien. Ricardo había conseguido un buen trabajo tras graduarse de la universidad. Yolanda había trabajado a tiempo completo en los dos primeros años hasta que llegó el bebé. Ambos grupos de parientes vivían en la ciudad y estaban dispuestos a cuidar al pequeño. Por tanto, Ricardo y Yolanda habían podido disfrutar juntos una buena cantidad de tiempo libre.

---

3. Reese Andrews, "An Unexpected Apology", blog de *Reese Andrews*, 18 de abril de 2012. http://www.reeseandrews.com/unexpected-apology/.

—Realmente, nuestras vidas son maravillosas —comentó Yolanda—. El único problema es que Ricardo nunca está dispuesto a disculparse. Cuando se enoja porque las cosas no salen como quiere, me ataca furioso. En lugar de disculparse, me culpa por su enojo. Es como si él no cometiera errores.

—No creo que esté bien disculparme por algo que no es culpa mía. Me enojo, pero es porque ella me menosprecia y me hace sentir que no soy buen padre —expresó Ricardo cuando lo miré—. Paso tanto tiempo como puedo con nuestro hijo, pero cada semana me fastidia haciendo comentarios como "tu hijo no te va a conocer si no pasas más tiempo con él". Tengo que trabajar duro en mi empleo y, cuando llego a casa, estoy cansado. Necesito tiempo para relajarme. No puedo llegar a casa y pasar dos horas jugando con Esteban.

—Nunca te he pedido que pases dos horas —cuestionó Yolanda—. Quince minutos serían un inicio muy bueno.

—A eso es a lo que me refiero —interrumpió Ricardo—. Si paso quince minutos, garantizo que ella pedirá veinticinco la próxima semana. Haga lo que haga, no puedo complacerla.

Fue obvio para mí que los comentarios de Yolanda atacaban la autoestima de Ricardo. Él quería ser un buen padre, y los comentarios de ella sugerían que era un fracaso. Él no estaba dispuesto a aceptar esa conclusión, y su manera de expresar su dolor era arremeter con palabras de enojo. La realidad es que tanto Yolanda como Ricardo debían disculparse. El problema era que ninguno creía que había hecho algo malo. Ninguno de ellos intentaba hacer daño al otro. Sin embargo, los dos eran culpables de tratarse con crueldad.

Cómo creció Ricardo

Cuando me reuní a solas con Ricardo, no tardé mucho en descubrir por qué le molestaban tanto los comentarios de Yolanda sobre la necesidad de que pasara más tiempo con Esteban. Él creció en un hogar en que su padre estaba fuera la mayor parte del tiempo. Por lo general salía de casa los domingos por la noche y regresaba los viernes por la tarde. Los fines de semana los pasaba jugando golf y observando eventos deportivos. Ricardo había jugado al golf con su padre algunas veces en el colegio y, de vez en cuando, veían juntos un partido de fútbol. Pero Ricardo fue a la universidad con un sentimiento de que, en realidad, no conocía a su padre. Juró que eso no pasaría si tuviera un hijo, con quien encontraría una manera de relacionarse para que supiera que era amado.

> La respuesta resentida de Ricardo reflejaba lo que había visto que su madre le hacía a su padre: lo atacaba.

La respuesta resentida de Ricardo reflejaba lo que había visto que su madre le hacía a su padre: lo atacaba. Ricardo se identificó con el dolor de su madre y sintió que ella estaba justificada en el trato que le daba a su padre. Ahora de adulto se sentía justificado por las duras pero verdaderas palabras que expresaba a Yolanda. Por tanto, no sentía la necesidad de admitir que estaba equivocado.

Traté de ayudar a Ricardo a que entendiera que el ejemplo de sus padres con el que había crecido no necesariamente era un modelo sano. De buena gana estuvo de acuerdo en que su padre y su madre no tuvieron el matrimonio amoroso, cariñoso y de apoyo que Ricardo deseaba. Le dije que mientras siguiera el modelo de sus padres, un buen matrimonio se mantendría como un ideal, no como una realidad. Además, traté de ayudarle a ver la diferencia entre *entender* por qué hacemos lo que hacemos y *aceptar* lo que hacemos. Fue fácil comprender por qué Ricardo respondía a Yolanda del modo en que lo hacía. Pero aceptar ese comportamiento como apropiado destruiría lo mismo que quería: un matrimonio íntimo.

Enfoque acepto/discrepo

Lo reté a tomar un nuevo enfoque, que ha ayudado a muchas parejas a vivir con éxito en el mundo del fracaso humano. Lo denomino "acepto / discrepo". *Acepto* que tengo derecho a sentirme lastimado, enojado, desilusionado y frustrado, o cualquier otra cosa que pueda sentir. No elijo mis sentimientos; simplemente los experimento. Por otra parte, *discrepo* con la idea de que, debido a mis sentimientos, tengo el derecho de lastimar a alguien más con mis palabras o conducta. Herir a mi esposa porque ella me ha herido es como declarar una guerra civil, una confrontación en la cual no hay ganadores. Por consiguiente, trataré de expresar mis emociones en tal forma que no hiera a mi esposa, sino que tenga el potencial de la reconciliación. Trabajamos juntos en una declaración que Ricardo podía expresar y que lograría este objetivo. He aquí lo que se nos ocurrió:

"Cariño, te amo mucho y amo mucho a Esteban. Deseo más que nada ser buen esposo y buen padre. Tal vez lo quiero aún más porque no tuve una relación cercana con papá, y vi a mis padres pelearse siempre. Por tanto, quiero hablarte de algo que me duele profundamente, y quiero pedirte que me ayudes a encontrar una solución. Cuando te escuché decir anoche: 'Si no pasas más tiempo con Esteban, él crecerá sin conocerte', sentí como si una daga me traspasara el corazón. Es más, fui al cuarto de la computadora y lloré, porque eso es lo último que quiero que suceda en el mundo. ¿Podrías entonces ayudar a organizarme en mi horario a fin de tener tiempo significativo con Esteban y no obstante trabajar y suplir nuestras necesidades económicas?".

Le aseguré a Ricardo que creía que Yolanda reaccionaría positivamente a tal declaración. Él estuvo de acuerdo.

Luego añadí: "He trabajado el suficiente tiempo con personas para saber que tan solo tener un nuevo plan no necesariamente detiene los patrones antiguos. Lo más probable es que, en algún momento en las próximas semanas, vuelvas a tu antiguo patrón de arremeter contra Yolanda con palabras de enojo cuando te haga un comentario que no te guste. No es lo que deseas hacer, pero lo harás antes de pensarlo. Aquí es cuando se necesita una disculpa. Creo que estarás de acuerdo en que gritarle a la esposa no es algo amable, amoroso, tierno o positivo".

Ricardo asintió con la cabeza.

"Por tanto, está mal", concluí.

Le recordé que las Escrituras del Nuevo Testamento retan a los esposos a amar a sus esposas y cuidarlas, tratando de suplirles sus necesidades como Cristo hizo por la Iglesia.[4]

"Gritarle a la esposa no responde a la fórmula para un matrimonio exitoso", continué entonces.

Ricardo volvió a asentir, y sugerí:

"Por tanto, quiero que aprendas a decir: 'Anoche perdí los estribos. Te grité y te dije algunas cosas muy desagradables. Me equivoqué al hacer eso. No fue algo tierno, amoroso ni amable. Sé que te herí mucho y estoy apenado, porque no deseo hacerte daño. Y quiero pedirte que me perdones. Sé que me equivoqué'".

Ricardo escribió las palabras en su iPhone. Oramos y le pedimos ayuda a Dios mientras él trataba de implementar su nuevo enfoque para manejar el dolor y la ira. Fue una sesión dura, pero sentí que Ricardo estaba dispuesto a cambiar.

El reto de Yolanda para perdonar

Mi sesión con Yolanda fue más difícil, no porque ella no quisiera tener un matrimonio mejor, sino porque encontró casi imposible entender cómo un hombre podía enojarse rabiosamente con su esposa si la amaba de veras. Para ella las dos cosas eran incompatibles. De ahí que cuestionara el amor de Ricardo por ella.

---

4. Efesios 5:25-33.

Expresé empatía por su perspectiva, pero traté de ayudarla a comprender que todos somos amantes imperfectos. Es verdad que el amor perfecto nunca lastimaría al ser amado. Pero ninguno de nosotros es capaz de amar en forma perfecta por una razón sencilla: somos imperfectos. La Biblia lo deja claro. Todos somos pecadores.[5] Incluso quienes afirman ser cristianos son capaces de pecar. Por eso es que debemos aprender a confesar nuestros pecados a Dios y a la persona contra la que hemos pecado.[6] Los buenos matrimonios no dependen de la perfección, sino de la disposición de reconocer nuestra maldad y buscar el perdón.

> **Ninguno de nosotros es capaz de amar en forma perfecta por una razón sencilla: somos imperfectos.**

Puedo afirmar que Yolanda estuvo teóricamente de acuerdo con lo que yo decía. Se había criado asistiendo a la iglesia, y conocía estas realidades. Pero el dolor emocional que había sentido por las palabras duras de Ricardo le hacía muy difícil perdonarlo.

—Especialmente cuando él nunca pide perdón —declaró.

Estuve de acuerdo con ella en que una disculpa era parte integral del perdón y la reconciliación. Le pregunté qué esperaba escuchar en una disculpa verdadera.

—Quiero que sea sincera —contestó—. No quiero que Ricardo diga simplemente: "Siento mucho haberte lastimado". Quiero que reconozca que lo que hizo estuvo mal. Que me dolió mucho. ¿Cómo puede simplemente irse sin disculparse? ¿Cómo puede no darse cuenta de lo equivocado que es gritarle a alguien?

En los treinta minutos siguientes, Yolanda y yo hablamos de la relación entre el dolor y la autoestima. Traté de explicarle las dinámicas emocionales de la familia de Ricardo y por qué los comentarios de ella acerca de no ser buen padre lo herían

---

5. Romanos 3:23
6. 1 Juan 1:8-10.

tan profundamente. Podían ser ciertos, al menos desde la perspectiva de ella, pero para él esto era como una bomba verbal explotándole en el alma. Su respuesta natural era atacar tal como a menudo había visto hacer a su madre.

—¿Pero puede cambiar, habiéndose criado con este modelo? —preguntó.

—Eso es lo maravilloso de ser humano —respondí—. Somos capaces de cambiar, especialmente cuando buscamos la ayuda de Dios. Creo que Ricardo es sincero, y que está empezando a comprenderse mejor. También creo que en el futuro verás cambios significativos.

—Espero que así sea —replicó Yolanda—. Lo amo mucho, y deseo que tengamos un buen matrimonio. Sé que tenemos un problema real. Solo espero que no sea demasiado tarde.

Concluimos la sesión hablando de cómo Yolanda podría expresar sus propias preocupaciones en cuanto a que Ricardo pasara tiempo con Esteban en una manera positiva que no le atacara la autoestima. Sugerí que si ella hacía una petición específica a Ricardo, sería menos probable que él la tomara como una condena. Una sugerencia o solicitud es muy diferente a una exigencia. Exploramos el tipo de cosas que ella podría solicitar a Ricardo. He aquí parte de la lista que ideamos:

- "¿Jugarías a 'serpientes y escaleras' con Esteban mientras termino de preparar la comida?".
- "¿Podríamos los tres dar un paseo después de cenar?".
- "¿Podrías leer una historia a Esteban mientras le preparo su ducha?".
- "¿Podrías jugar con Esteban en la caja de arena durante algunos minutos?".

Pude ver que Yolanda estaba captando la idea de peticiones

específicas en vez de quejas generales. La reté: "Nunca más de una solicitud por semana, ¿entendido? Y cuando él haga cosas con Esteban, exprésale siempre palabras de afirmación. Dile cuán orgullosa estás del buen trabajo que está haciendo como padre. Dile cuánto aprecias que juegue con Esteban mientras terminas la comida. No permitas que algo pase desapercibido o sin afirmación. Ya que Ricardo quiere desesperadamente ser un buen padre, cuando lo afirmas, edificas autoestima en él. Y creas un ambiente emocional positivo entre ustedes dos".

Las siguientes cuatro sesiones con Ricardo y Yolanda fueron tan productivas como las primeras tres. Fue emocionante verlos obtener nuevas perspectivas sobre ellos mismos, reconocer sus patrones emocionales pasados, y desarrollar nuevas formas de responderse mutuamente. Ricardo aprendió a decir: "Me equivoqué" cuando en ocasiones le hablaba a Yolanda con dureza. Y ella aprendió a decir: "Estaba equivocada y lamento haberte herido" cuando se equivocaba y hacía un comentario negativo acerca de las habilidades de Ricardo como padre.

En el proceso de nuestra consejería se hizo obvio que el principal lenguaje de la disculpa de Ricardo era "lo siento". Cuando Yolanda pronunció estas palabras, él estuvo listo para perdonarla. Por otra parte, el principal lenguaje de la disculpa de Yolanda era "me equivoqué". Lo que ella quería sentir era que Ricardo supiera que sus palabras iracundas no estaban bien. El matrimonio dio un paso gigantesco hacia el frente cuando ella aprendió a expresar verdadero arrepentimiento y él aprendió a asumir la responsabilidad por su comportamiento erróneo; ambos aprendieron a expresar verbalmente sus sentimientos mutuos.

EL PODER DE "ME EQUIVOQUÉ"

Para muchas personas la parte más importante de una disculpa es el reconocimiento de que la parte ofensora tuvo un comportamiento incorrecto. Linda de Seattle me expresó: "Mi esposo no admite que a veces hace algo malo. Simplemente le echa tierra al asunto y no quiere hablar más al respecto. Si vuelvo a mencionar lo sucedido, señala: 'No sé lo que hice. ¿Por qué no puedes olvidarte de eso?'. Si él pudiera admitir que se equivocó, yo estaría dispuesta a perdonarlo. Pero cuando actúa como si no hubiera hecho nada malo, es terriblemente difícil pasar por alto la ofensa".

Con lágrimas en los ojos, manifestó: "Ojalá le oyera decir alguna vez 'me equivoqué'".

Alicia tiene veintisiete años. Mientras ella crecía, su papá le dijo que una persona sabia está dispuesta a asumir la responsabilidad por sus equivocaciones. "Nunca olvidaré lo que expresó: 'Todos cometemos errores, pero el único error que nos destruye es aquel que no estamos dispuestos a admitir'. Recuerdo que cuando yo era joven y hacía algo contra las reglas, él me miraba y preguntaba: '¿Tienes algo que quisieras decir?'. Papá sonreía y yo confesaba: 'Cometí un error. Me equivoqué. ¿Me perdonas?'. Entonces me abrazaba y decía: 'Estás perdonada'. Admitir mis errores es parte de quién soy, y se lo debo a mi padre".

Hace cinco años, Alicia se casó con Robert, a quien describe como "el hombre más sincero que he conocido". Ella agrega: "No quiero decir que sea perfecto, sino que siempre está dispuesto a admitir sus fracasos. Supongo que es por eso que amo tanto a Robert, porque siempre está dispuesto a declarar: 'Cometí un error. Me equivoqué. ¿Me perdonas?'. Me gusta una persona que está dispuesta a asumir la responsabilidad por sus equivocaciones".

Miguel, un soltero de veinticuatro años, nunca oyó a su padre disculparse ante su madre o ante él. A los dieciocho años salió de casa y nunca ha regresado de visita. "Sentía que mi padre era hipócrita —explicó—. En la comunidad lo reconocían como un hombre exitoso, pero en mi mente era un hipócrita. Creo que es por eso que siempre me he apresurado a disculparme, y he estado dispuesto a admitir mis equivocaciones. Quiero que mis relaciones sean auténticas, y sé que eso no puede ocurrir si no estoy dispuesto a admitir que me equivoqué".

Para personas como Miguel, si quieres que otros sientan la sinceridad de tu petición de disculpa, podrías utilizar declaraciones como estas:

DECLARACIONES DE ACEPTACIÓN DE RESPONSABILIDAD

Reconozco que lo que hice estuvo mal. Podría tratar de excusarme, pero no hay excusa. Simple y llanamente, lo que hice fue egoísta y equivocado.

Cometí un gran error. En ese momento no pensé mucho en lo que estaba haciendo. Pero, en retrospectiva, creo que ese es el problema. Ojalá hubiera pensado antes de actuar. Lo que hice estuvo mal.

La forma en que te hablé estuvo mal. Hablé con rabia, tratando de justificarme. El modo en que te hablé fue cruel y sin amor. Espero que me perdones.

Repetí un error que ya hemos analizado. Realmente metí la pata. Sé que fue culpa mía.

Hablemos

Nombra algunas de las excusas más vergonzosas que has oído decir a las personas a fin de negarse a admitir que se equivocaron. ¿Por qué crees que esta gente tuvo tanta dificultad en admitir una acción errónea?

Este capítulo enseña que a menudo creemos que "admitir que estamos equivocados se percibe como debilidad". ¿Cómo te sientes cuando admites que te equivocaste?

¿En qué ocasión sentiste no haber hecho algo malo, pero alguien estuvo esperando una disculpa de tu parte? ¿Cómo reaccionaste?

Capítulo 4

"¿Cómo puedo compensar?"

RESTITUIR

Era una de esas historias de superación que ves en el periódico y la televisión antes de Navidad. En la región de Youngstown, Ohio, un ladrón robó el dinero de una de esas conocidas teteras rojas del Ejército de Salvación. En efecto, al parecer, vestido con una chaqueta de ese ministerio cristiano, el perpetrador se alejó con el dinero y la tetera mientras el campanero tomaba un descanso.

No obstante, lo que pudo haber sido una triste historia de "robo a los pobres" se convirtió en algo más conmovedor dos días después, cuando alguien, en forma anónima, dejó 130 dólares y una nota de disculpa en las oficinas del Ejército de Salvación. "Aquí está el dinero que tomé, y un poco más para una nueva tetera y una campana... Perdónenme, por favor".[1]

El delincuente no identificado no solo se disculpó; restituyó, haciendo un esfuerzo tangible por corregir el mal que había cometido.

---

1. Prensa Asociada: "Thief returns cash from Ohio kettle with apology", *NPR*, 6 de diciembre de 2012. http://www.npr.org/templates/story/story.php?storyId=166649892.

En contraste, las familias de las víctimas del tiroteo en el teatro en Aurora, Colorado, se sintieron ofendidas por el intento de la cadena cinematográfica de "arreglar las cosas" al ofrecer boletos para la reapertura del teatro. Una carta a la cadena cinematográfica Cinemark acusó a la empresa de ser "ajena a nuestra angustia". Caren y Tom Tewes, cuyo hijo Alexander murió en el tiroteo, dijeron que sería más apropiado que Cinemark dispusiera un porcentaje de sus beneficios para las víctimas y sus familias. "Hemos perdido todo", declaró Caren Tewes.[2]

La idea de "arreglar las cosas" para compensar una mala acción está integrada en la psiquis humana, desde nuestro sistema judicial hasta el ámbito de las relaciones familiares. Si Jacobo, el hermanito de Sofía, le roba su juguete favorito, papá y mamá hacen que lo devuelva. Si un delincuente roba a alguien, un juez ordena que le pague a la víctima de alguna manera. En lugar de simplemente pasar tiempo en la cárcel, el delincuente debe esforzarse por compensar el daño a la persona agraviada.

"ESPERO QUE ÉL TRATE DE REPARAR LO QUE HA DAÑADO"

El nuevo diccionario de lengua inglesa *Webster* define "restitución" como "acción de retribuir a un propietario legítimo" o "dar algo como equivalente por lo que se ha perdido, dañado, etc.". En su libro *Since Nobody's Perfect... How Good Is Good Enough?* [Como nadie es perfecto... ¿Cuán bueno es lo suficientemente bueno?], Andy Stanley escribe: "La buena voluntad de hacer algo para tratar de compensar el dolor que te he causado es evidencia de ofrecer una

---

2. Ryan Parker, "Victims' families of Aurora theater shooting protest remembrance event", *Denver Post*, 2 de enero de 2013. http://www.denverpost .com/breakingnews/ci_22297268/aurora-theater-victims-families-plan -boycott-theater-reopening.

disculpa verdadera. Una voz dentro de nosotros expresa: 'Debo hacer algo para enmendar lo que he hecho'".[3] Everett Worthington hijo, profesor de Psicología en Virginia Commonwealth University y líder en investigación sobre el perdón, llama "equiparar" al acto de hacer tales enmiendas.

"Equiparar" es compensar la pérdida que la otra persona experimentó. Ofrecer restitución es igualar el equilibrio de justicia. Cualquier herida o agravio hace que la persona perjudicada pierda algo. Quizás pierda autoestima, respeto personal, o beneficio tangible (tal como si yo te ofendiera delante de tu jefe y pierdes la oportunidad de un ascenso). Por tanto, es un acto de bondad por parte del transgresor ofrecer compensación por la pérdida.[4]

Para algunas personas, la restitución es su lenguaje principal de la disculpa. Para ellas, la declaración "No es correcto que te haya tratado de ese modo", debe seguirse con "¿Qué puedo hacer para mostrarte que aún me preocupo por ti?". Sin este esfuerzo de restitución, esta persona cuestionará la sinceridad de la disculpa; seguirá sintiéndose no amada, aunque podrías haber dicho: "Lo siento, me equivoqué". Tal persona espera la garantía tangible de que la amas de veras.

Esta realidad surgió una y otra vez en nuestra investigación. Seguíamos oyendo declaraciones como:

"Espero que él trate de reparar lo que hizo mal".

"Anhelo que ella esté realmente apenada de corazón y dispuesta a enmendar las cosas".

---

3. Andy Stanley, *Since Nobody's Perfect... How Good Is Good Enough?* (Sisters, Oreg.: Multnomah, 2003), p. 72.
4. Everett L. Worthington Jr., *Forgiving and Reconciling* (Downers Grove, Ill.: Inter-Varsity, 2003), p. 205.

"Quiero que él compense como es apropiado. Las cosas no se arreglan solo por decir 'lo siento'".

La pregunta entonces es ¿cómo restituimos en la manera más eficaz? Ya que el meollo de la restitución es consolar al cónyuge o familiar que amas realmente, es esencial expresar la restitución en el lenguaje del amor de la otra persona.

APRENDAMOS LOS CINCO LENGUAJES DEL AMOR

Después de treinta y cinco años de matrimonio y consejería familiar, estoy convencido de que básicamente hay cinco lenguajes de amor emocional. Cada persona tiene uno de los cinco como lenguaje principal. Si le expresas su lenguaje principal de amor, la persona se sentirá segura de tu amor, y la restitución tendrá éxito. No obstante, si no expresas su lenguaje principal de amor, tus mejores esfuerzos por disculparte no tendrán éxito. Permíteme entonces revisar brevemente los cinco lenguajes del amor[5] e ilustrar desde mi investigación cómo el hecho de hablar el lenguaje principal de amor del otro hará que tus esfuerzos de restitución tengan éxito.

Palabras de afirmación

El primer lenguaje del amor son *palabras de afirmación*, usar palabras para afirmar a la otra persona. "Te queda bien ese vestido"; "Valoro de veras lo que hiciste por mí"; "Eres muy atento"; "Todos los días recuerdo cuánto te amo"; "Realmente aprecio esta comida. Eres una cocinera excelente. Sé que se necesita mucho tiempo y energía, y lo aprecio de verdad". Usar palabras para afirmar a la otra persona puede enfocarse en su personalidad, comportamiento, atuendo, en sus logros o belleza. Lo importante es que esas palabras comuniquen verbalmente tu afecto y aprecio por la persona.

---

5. Para una mirada profunda y para expresar los cinco lenguajes del amor entre adultos, véanse mis libros *Los cinco lenguajes del amor* (Miami: Unilit, 2011) y *Los cinco lenguajes del amor para solteros* (Miami. Unilit, 2006).

He aquí un par de ejemplos de individuos para los que las palabras de afirmación son su principal lenguaje del amor y cómo el hecho de escucharlas hizo exitosos los esfuerzos de restitución de sus cónyuges.

Catia tiene veintinueve años y ha estado casada con Blas durante seis años. "Sé que la disculpa de Blas es sincera cuando retira sus palabras hirientes y luego me dice cuánto me ama. A veces llega al extremo de afirmar lo maravillosa que soy y cuánto lamenta haberme herido. Creo que él sabe que se necesitan muchas palabras positivas para compensar las cosas hirientes que ha expresado".

Timoteo se reunió conmigo durante uno de los descansos en uno de mis seminarios matrimoniales. Habíamos estado analizando disculpas, y él dijo de su esposa: "Ella casi siempre tiene éxito en ofrecer disculpas. Es la mejor persona que conozco disculpándose".

Quedé impresionado, y escuché atentamente mientras él explicaba: "Por lo general, mi esposa dice algo como: 'Timoteo, lo lamento. Eres tan maravilloso y estoy muy apenada por haberte herido. ¿Podrías perdonarme, por favor?'. Luego me abraza. Funciona siempre. Son esas palabras 'Eres maravilloso' las que me compran. Nunca la he dejado de perdonar porque sé lo que ella quiere decir. Todos cometemos errores; no espero que mi esposa sea perfecta. Pero sin duda me siento bien cuando me dice lo maravilloso que soy mientras me pide que la perdone".

Para Timoteo, las palabras de afirmación reflejan su lenguaje principal de amor, y esa es su parte favorita cuando alguien le ofrece una disculpa. Es toda la restitución que necesita.

Actos de servicio

Un segundo lenguaje del amor son los *actos de servicio*. Este lenguaje del amor se basa en el antiguo dicho: "Las acciones hablan más que las palabras". Para estas personas, el amor se demuestra mediante actos reflexivos de bondad. Pasar la aspiradora, cambiarle el aceite al auto, cambiar el pañal del bebé, llevarle a tu esposa una taza de café en la mañana... todos estos son actos de servicio.

Guadalupe estaba visiblemente enojada en mi oficina. "Estoy harta y cansada de las disculpas de él —comentó—. Lo siento, lo siento, lo siento. Eso es lo único que dice. Cree que eso arregla las cosas. Está bien, *lo siento*, pero cuando vocifera, me grita, y me pone apodos, eso no arregla las cosas. Lo que quiero saber es: ¿Aún me ama, o desea salirse del matrimonio? Si me ama, ¿por qué entonces no hace algo para ayudarme en la casa? Estoy cansada de vivir con un hombre que se sienta frente al televisor mientras yo cocino y lavo los platos. Yo también trabajo fuera de casa. ¿Cómo puede él amarme y no hacer nada?".

"¿Cómo puede él amarme y no hacer nada?". Es obvio que el principal lenguaje del amor en Guadalupe son los actos de servicio, y su esposo no está expresándolo. Por tanto, las disculpas que él ofrece caen en oídos sordos. Ella no puede concebir que esté sinceramente apenado y, sin embargo, no le muestre su amor.

Pasé algún tiempo con Guadalupe, le expliqué los cinco lenguajes del amor y le dije que suponía que su marido no tenía idea de cuál es el lenguaje del amor de ella. Y que es probable que ella no tuviera idea de cuál es el lenguaje del amor de él. A los tres meses ella y su esposo Marco habían descubierto, y estaban expresando, el principal lenguaje del amor del otro. El matrimonio de esta pareja también volvió a la normalidad. Él se dio cuenta de que una disculpa verbal no era suficiente. Debía implicar restitución (la seguridad de su amor) y esta necesidad debía expresarse en actos de servicio. No veo a Marco con mucha frecuencia, pero cuando lo hago, siempre me agradece las ideas sobre el amor y la disculpa que "salvaron mi matrimonio".

Al concluir mis seminarios matrimoniales, normalmente invito al esposo a tomar las manos de la esposa, mirarla a los ojos, y repetir después de mí las siguientes palabras: "Sé que no soy un marido perfecto. Espero que me perdones por los errores del pasado. Sinceramente deseo ser mejor esposo, y estoy pidiéndote que me enseñes cómo lograrlo". Luego les pido a las esposas que repitan palabras similares a los maridos.

Una mujer, incapaz de pronunciar tales palabras a su esposo, reveló más adelante en uno de nuestros cuestionarios de investigación de la disculpa que ella no podía pensar en una ocasión en que su esposo ofreciera una disculpa exitosa durante sus trece años de matrimonio. Pero luego añadió: "Mi primera esperanza [de que él se disculpe sinceramente] fue al final de tu conferencia. No pude repetir las palabras en ese momento, pero esa noche él me ayudó con los niños y la cena. Yo sabía que algo le había ocurrido. Espero que haya descubierto que los actos de servicio son mi lenguaje del amor. Queda por ver si él continuará este cambio de comportamiento. Sé que, si yo sintiera que mi esposo me ama de veras, estaría dispuesta a perdonarle por todo lo que me ha hecho en el pasado. Más que nada, quiero que mi marido me ame". El éxito de este hombre en disculparse depende ahora de que él repare el pasado, asegurándole amor a su esposa al expresarle el principal lenguaje del amor de ella.

Este mismo principio se aplica a las amistades. Benjamín era un urbanista bien parecido e inteligente, pero se peleó con Ernesto, otro urbanista en su grupo de trabajo. Inicialmente Benjamín y Ernesto sentían que tenían mucho en común, y casi a diario disfrutaban analizando sus intereses comunes en el golf y la política. Un día, a modo de broma, Ernesto requisó la computadora de la oficina de Benjamín mientras este no estaba. Ernesto fingió ser Benjamín y envió un correo electrónico a su grupo de trabajo de seis personas, invitándolas a ir a la casa de Benjamín a una fiesta de fin de año. "No traigan nada, ¡solo vengan!". Al día siguiente, un colega alertó a Benjamín sobre la invitación falsa. Lejos de divertirse, Benjamín se sintió furioso y traicionado. Cuando fue confrontado por Benjamín, Ernesto se dio cuenta de que Benjamín realmente no había apreciado la broma, y le ofreció una sincera disculpa. Sin embargo, antes que Benjamín pudiera aceptar la disculpa, Ernesto debía enderezar las cosas. A insistencia de Benjamín, Ernesto envió un correo electrónico de corrección al grupo de trabajo. Esta retractación permitió a Benjamín sentir que Ernesto había solucionado el problema que creó, y que había arreglado las cosas nuevamente. La amistad de estos dos urbanistas tuvo una segunda oportunidad. Si Ernesto no hubiera estado dispuesto a tomar esta acción, Benjamín habría considerado incompleta la disculpa de su amigo, y probablemente la amistad habría terminado.

Regalos

Un tercer lenguaje del amor son los *regalos*. Es universal dar y recibir regalos como una expresión de amor. Los antropólogos han explorado las etnografías de centenares de culturas alrededor del mundo. Nunca han descubierto una cultura en que dar regalos no sea una expresión de amor. Un regalo expresa: "Él estaba pensando en mí. Mira lo que me trajo".

Los regalos no tienen que ser costosos. ¿No ha dicho siempre la gente: "La intención es lo que cuenta"? No obstante, no es la intención que se queda en tu cabeza lo que cuenta sino más bien el regalo que resulta de esa intención.

Desde temprana edad, los niños recogen dientes de león del patio frontal y se los dan a sus mamás como expresiones de amor. Esposas y esposos pueden hacer lo mismo, aunque yo no recomendaría dientes de león.

Incluso como adulto, no tienes que pagar mucho: si no tienes flores en tu jardín, intenta con el jardín de tu vecino. Pídele; te dará una flor.

Para algunas personas, *recibir regalos* es su principal lenguaje del amor. Por tanto, si la persona a la que has ofendido prefiere el lenguaje del amor de los regalos y tú deseas enmendar el error que cometiste, dar regalos será un método eficaz de restitución. Para Betania, las disculpas de su marido son sinceras, porque él habla el lenguaje de ella.

—Mi esposo pide disculpas —comenta Betania—. Luego esa noche me trae una rosa para compensar la actitud que me ofendió. No sé qué es exactamente, pero la rosa parece comunicarme que él es sincero. Así que lo perdono.

—¿Cuántas rosas has recibido a lo largo de los años? —pregunté.

—Docenas —respondió—. Pero, cada vez que recibo una, esta me comunica que él aún me ama.

Para ella, el regalo representó la restitución.

Con su hijo enfermo de leucemia y a menudo en el hospital, Susana trataba de entender la tensión de su esposo. "Mucho dolor e ira se descargaban sobre mí, pero eso lo dejé pasar porque entendía la situación. Un día, como por arte de magia, él entró al hospital con flores, una tarjeta y una disculpa completa por descargar su estrés en mí. Fue uno de los momentos más tiernos de nuestro matrimonio. Se dio cuenta por su propia convicción que estaba hiriéndome, y tomó la iniciativa de disculparse. Las flores y la tarjeta sellaron para mí el arrepentimiento de mi esposo. Yo sabía que él era sincero".

El hombre no solo se disculpó, sino que hizo restitución al expresar el lenguaje del amor de Susana: *recibir regalos*.

Tiempo de calidad

El lenguaje del amor número cuatro es *tiempo de calidad*. Dar a otra persona toda tu atención le expresa: "Eres importante para mí".

Tiempo de calidad significa nada de distracciones. La televisión está apagada; la revista está sobre la mesa junto con el libro. No estás pagando cuentas; no miras una pantalla de computadora. Le brindas toda tu atención a la otra persona. Si le doy a mi esposa veinte minutos de tiempo de calidad, le ofrezco veinte minutos de mi vida, y ella ha hecho lo mismo por mí. Este es un poderoso comunicador emocional del amor.

Para algunas personas este es su principal lenguaje del amor. Nada expresa amor más profundamente que el tiempo de calidad. Tales momentos ni siquiera deben incluir actividades importantes o proyectos juntos; simplemente pueden ser conversaciones prolongadas entre dos individuos. Para quienes prefieren este lenguaje, el tiempo de calidad es una forma excelente de restitución.

María de St. Louis recuerda una disculpa poderosa que recibió el domingo por la tarde después de asistir a la conferencia matrimonial. Ella y su esposo almorzaron juntos, y comenzaban a relajarse cuando "Felipe me miró y dijo cuán apenado estaba por el modo en que había estado tratándome. Se sentía muy mal, y ya ni siquiera hablábamos uno con el otro".

María hizo una pausa, emocionada.

"Me miró mientras sostenía mis manos y me agradeció por comprar los boletos para la conferencia —continuó ella—. Declaró que se le habían abierto los ojos y que se sentía retado a ser el esposo que había olvidado ser durante los cinco años de nuestro matrimonio. Con solo ver auténtica alegría y pena en sus ojos me convenció de que era sincero. El hecho de que sacara tiempo para hablarme y disculparse por sus acciones de la semana anterior fue casi más de lo que yo podía creer. Cada vez que en el pasado trataba de disculparse, decía 'lo siento', y eso era todo. Era como poner salsa de tomate en un perrito caliente; algo que simplemente siempre haces. Pero esta vez fue diferente. Supe que era sincero, y lo perdoné libremente".

Felipe estaba expresando el lenguaje del amor de María, tiempo de calidad, y eso cambió todo. No necesariamente tienes que sostenerle las manos, pero sí debes prestar toda tu atención a la persona ante quien te disculpas. Si aquel a quien has ofendido se siente amado al tener tiempo de calidad contigo, entonces solo el tiempo de calidad le convencerá de que tu disculpa es sincera. Prestar toda tu atención mientras te disculpas es suficiente restitución. La persona siente profundamente que es amada.

Toque físico

El quinto lenguaje del amor es *toque físico*. Desde hace mucho tiempo conocemos el poder emocional del toque físico. Por eso levantamos a los bebés, los cargamos, y los abrazamos. Mucho antes que entiendan el significado de la palabra *amor*, se sienten amados por el toque físico. Lo mismo se aplica a los adultos. Tomar las manos, besar, abrazar, poner un brazo alrededor del hombro, dar una palmadita en la espalda, o pasar la mano por el cabello son todas expresiones del lenguaje del toque físico. No estamos hablando solo de esposos y esposas. El toque físico es apropiado entre todos los miembros de la familia, incluso madres e hijos, y padres e hijas. Para algunos individuos este es su principal lenguaje del amor. Nada expresa más profundamente el amor que el toque afirmante. Para quienes prefieren este lenguaje, una disculpa sin toque puede parecer insincera.

Danilo y su hijo Javier de diez años habían tenido una discusión. En el calor de la ira, Danilo había acusado a su hijo de ser perezoso e irresponsable. Javier comenzó a llorar de manera incontrolable. Danilo supo que las palabras que había dicho habían sido sumamente hirientes para el muchacho.

"Javier, lo siento —manifestó—. Perdí los estribos. Lo que dije no es verdad. No eres perezoso, ni eres irresponsable. Eres un chico de diez años a quien le gusta jugar y disfrutar la vida. Debí haber tenido más tino al pedirte que interrumpieras tu juego para hacer algo que yo quería que hicieras. Te amo mucho, y me duele saber que te he hecho daño".

Entonces Danilo se acercó a Javier y le dio un gran abrazo de oso. Javier sollozó aún más incontrolablemente, pero esta vez con gran alivio. Cuando recuperó la compostura, su padre lo miró a los ojos y le dijo: "Te amo mucho". Y Javier contestó: "Yo también te amo mucho, papá", mientras abrazaba a su padre alrededor del cuello. La disculpa de su padre fue eficaz porque hizo restitución hablando el principal lenguaje del amor de su hijo: toque físico.

"¿Qué esperas en una disculpa de tu esposa?", le preguntamos a Julio de Minneapolis, quien había estado casado durante quince años.

"Después de perdonar debe haber un gran abrazo para que el proceso de la disculpa esté completo".

Él contestó: "Espero que comprenda que lo que hizo fue muy hiriente, que diga que lo siente, y que luego me pida perdón. Después de perdonar debe haber un gran abrazo para que el proceso de la disculpa esté completo".

Julio revela claramente que espera que la restitución sea parte del proceso de disculpa, y el toque físico es su lenguaje del amor que entiende mejor. Después del abrazo, él siente que ella ha "compensado" su equivocación. Para Julio, si no hay abrazo, al proceso de disculpa le falta algo importante.

La ilustración de Marta relacionada con una disculpa exitosa indicó lo importante que el toque físico era para ella. "Mi marido me hizo un comentario hiriente frente a los niños. En ese momento reaccioné, y él defendió sus palabras. Unos días después, cuando todos estábamos alrededor de la mesa, él se paró detrás de mí, puso las manos sobre mis hombros, y expresó frente a nuestros tres hijos que lo que había hecho estuvo mal, que lo lamentaba, y que quería reconocerlo ante mí y ante quienes presenciaron lo ocurrido. Su disculpa funcionó porque 1) mi esposo admitió que se equivocó, 2) produjo sanidad en mí por medio de su toque, 3) hizo pública su disculpa ante todos los implicados, lo cual hizo que lo admirara por enseñar a sus hijos una lección importante, y 4) restauró mi reputación". Las palabras fueron importantes, pero fue el contacto afirmante lo que "trajo sanidad" y le aseguró a Marta el amor de su esposo.

Si el toque físico es el principal lenguaje del amor de alguien, y quiero ofrecerle una disculpa sincera, entonces debo comunicar mi restitución extendiendo la mano para darle toques de afirmación. Las palabras solas no serán suficientes. Es el toque lo que compensa los errores.

REPARACIÓN Y RESTAURACIÓN

A menudo, la restauración se extiende más allá de expresar amor a través de hablar uno de los cinco lenguajes del amor. Podría requerir *reparar* o *restaurar* algo que se ha tomado: un auto dañado, un reloj rayado... o incluso un buen nombre. Recuerda, el buen nombre de Marta fue restaurado cuando Jimmy reconoció públicamente que su "comentario hiriente" había afectado el buen nombre de su esposa entre sus hijos. El deseo de reparar el mal comportamiento es parte natural de disculparnos si de veras somos sinceros.

Un publicano repara sus errores

Hay una fascinante historia registrada en la vida de Jesús. El gran Maestro pasaba por la ciudad de Jericó. Su fama lo había precedido. En esa ciudad vivía un recaudador de impuestos llamado Zaqueo. Los recaudadores de impuestos no eran las personas más populares entre la población judía porque solían cobrar impuestos exorbitantes para sus patrones romanos, y se embolsaban grandes ganancias. Zaqueo quería ver y escuchar a Jesús, el profeta del que tanto había oído hablar.

Al ser un hombre pequeño, Zaqueo tuvo una estrategia inteligente. Planeó trepar a un árbol y mirar hacia abajo a Jesús. Desde lo alto podía ver y oír, pero al mismo tiempo pasar desapercibido entre la multitud. Sin embargo, cuando Jesús se acercó al árbol, levantó la mirada y se dirigió a Zaqueo: "Date prisa, desciende, porque hoy es necesario que pose yo en tu casa". Zaqueo quedó perplejo y profundamente conmovido. Al parecer reconoció que estaba tratando con un hombre consciente del estilo de vida egoísta que había llevado, y que aun así estaba dispuesto a asociarse con él.

Al instante, Zaqueo pidió perdón por su comportamiento perverso a lo largo de los años, y luego expresó que planeaba reembolsar a aquellos a quienes había quitado fondos injustamente. Es más, prometió devolverles cuatro veces lo que les había quitado. Jesús interpretó esto como la señal de una confesión auténtica, e incluso mostró a Zaqueo como un ejemplo del modo que debemos tratar con los errores.[6]

Una disculpa verdadera estará acompañada por un deseo de corregir los errores cometidos, compensar el daño hecho, y asegurar a la persona agraviada que te importa de veras. Si no estás seguro de lo que quien recibió la ofensa podría considerar una restitución apropiada, podrías hacer preguntas como las siguientes:

DECLARACIONES DE RESTITUCIÓN

¿Hay algo que yo pueda hacer para compensar lo que he hecho?

Soy consciente de que te he ofendido profundamente, y siento que debo hacer algo para repararte por el daño causado. ¿Puedes darme una sugerencia?

---

6. Véase Lucas 19:1-10.

No me siento bien diciendo solamente "lo siento". Deseo compensar mi error. ¿Qué considerarías apropiado?

Sé que te he causado molestias. ¿Puedo darte algo de mi tiempo para equilibrar las cosas?

Me arrepiento de haber dañado tu honra. ¿Puedo hacer una corrección pública?

He incumplido esta promesa muchas veces. ¿Te gustaría que esta vez te ponga por escrito mi compromiso?

Hablemos

¿Qué piensas de los tribunales que ofrecen grandes cantidades de dinero por daños y perjuicios? ¿Cuándo crees que las cantidades otorgadas se vuelven excesivas?

Este capítulo sugiere que hay una voz dentro de nosotros que clama porque quienes nos han hecho daño paguen por su acción. ¿En qué maneras ha sido cierto esto en tu vida? ¿Cómo has sentido la necesidad de que otra persona "pague por" la ofensa que cometió contra ti?

Hablar el lenguaje del amor de alguien es básico en restituir con éxito. ¿Cuál, de los cinco lenguajes del amor (palabras de afirmación, actos de servicio, regalos, tiempo de calidad, y toque físico), es el más importante para ti? ¿Por qué crees que este sea el caso?

Capítulo 5

"Quiero cambiar"

ARREPENTIRSE DE VERAS

Sea que estemos revisándolo extendido sobre la mesa de nuestra cocina junto a un café, o en línea en la oficina, esperamos que nuestro periódico diga la verdad. Imagina entonces la conmoción de algunos residentes de Cape Cod, Massachusetts, cuando leyeron en primera página las disculpas del editor del *Cape Cod Times*. Un veterano reportero simplemente había estado inventando historias. Un editor muy observador había sospechado. Se realizaron búsquedas en bases de datos. Se contactaron fuentes. Conclusión: la gente en las historias no existía y los acontecimientos descritos nunca sucedieron.

Entonces, el editor admitió las irregularidades: "¿[Cómo] permitimos que esto sucediera? Esta es una pregunta que no podemos responder de modo satisfactorio.... Debemos aprender de esta dolorosa lección y dar pasos para evitar que vuelva a ocurrir". Luego siguió detallando exactamente cuáles serían esos pasos.[1]

---

1. Peter Meyer y Paul Pronovost, "An apology to our readers", *Cape Cod Times*, 4 de diciembre de 2012. http://www.capecodonline.com/apps/pbcs .dll/article?AID=/20121204/NEWS/121209902.

Por otro lado, muchas parejas pueden identificarse con la esposa que lamentó: "Tenemos las discusiones de siempre sobre las mismas cosas de siempre. Lo que más me molesta no es la acción ofensiva, sino la *repetición* de la acción ofensiva. Él pide disculpas. Promete no volver a hacerlo. Entonces lo hace otra vez, en 'cuestiones' tan pequeñas como no apagar la luz del baño, o tan molestas como un malhumor innecesario. No quiero escuchar 'lo siento'. ¡Quiero que nunca más haga eso que me molesta!".

Esta mujer quiere que su marido se arrepienta.

La palabra *arrepentimiento* significa "dar la vuelta" o "cambiar de opinión". Lo ilustra alguien que camina hacia el occidente y, por cualquier razón, de pronto gira 180 grados y se dirige hacia el oriente. En el contexto de una disculpa significa que un individuo se da cuenta de que su comportamiento actual es destructivo. Se arrepiente del dolor que está causando a la otra persona, y decide cambiar su conducta.

Lo que la persona agraviada quiere saber es: "¿Intentarás cambiar, o volverá a suceder esto la semana entrante?".

Arrepentirse es más que declarar: "Lo siento; me equivoqué. ¿Cómo puedo compensarte esto?". Es que se indique, como hizo el periódico: "Intentaremos que esto no vuelva a ocurrir". Para algunas personas el arrepentimiento es lo que las convence de que la disculpa es sincera. Es entonces que el arrepentimiento del ofensor suscita el perdón de la persona agraviada.

Sin arrepentimiento verdadero, los demás lenguajes de la disculpa podrían caer en oídos sordos. Lo que la persona agraviada quiere saber es: "¿Intentarás cambiar, o volverá a suceder esto la semana entrante?".

En nuestra investigación preguntamos: "¿Qué esperas en una disculpa?". Reiteradamente escuchamos declaraciones como:

"Demuestra que estás dispuesto a cambiar, y hazlo de modo diferente la próxima vez".

"Espero que él encuentre formas de evitar que eso vuelva a suceder".

"Quiero que ella tenga un plan para mejorar, un plan para triunfar y no para fallar".

"Espero que él no se enfurezca unos minutos más tarde o que vuelva a hacer lo mismo".

Estas, y decenas de declaraciones similares, revelan que para muchas personas el arrepentimiento está en el centro de una disculpa verdadera.

EMPIEZA EN EL CORAZÓN

¿Cómo entonces hablamos el lenguaje del arrepentimiento? *Comenzamos expresando la intención de cambiar.* Todo arrepentimiento verdadero empieza en el corazón. Reconocemos que lo que hemos hecho está mal, que nuestras acciones han dañado a alguien que amamos. No queremos continuar con este comportamiento, así que decidimos que vamos a cambiar con la ayuda de Dios. Luego expresamos verbalmente esta decisión a la persona que hemos agraviado. Es la decisión de cambiar lo que indica que ya no estamos poniendo excusas. No minimizamos nuestro comportamiento, sino que asumimos la responsabilidad total por nuestras acciones. Cuando comunicamos nuestra intención de cambiar a quien hemos ofendido, le comunicamos lo que ocurre en nuestro interior. La persona obtiene un vistazo de nuestro corazón, y este a menudo es el lenguaje que la convence de que hablamos en serio.

Abigaíl tiene treinta y seis años, y cree que su esposo Jeremías es bueno disculpándose.

—¿Qué te hace creer que sus disculpas son sinceras? —pregunté.

—Bueno, él es muy sincero —respondió ella—. Y lo que realmente me gusta es que me dice que tratará de no permitir que eso vuelva a suceder. Para mí esto tiene verdadera importancia. No quiero tan solo escuchar palabras; quiero ver cambios. Cuando mi esposo indica que pretende cambiar, siempre estoy dispuesta a perdonarlo.

José, de unos cuarenta años, expresó: "Espero que la persona venga a mí y hable libremente, no por teléfono, y me diga que se equivocó y que va a hacer cambios para que el hecho no vuelva a ocurrir. Quiero que sea realista y me diga que sabe que tiene que trabajar en el asunto, de modo que debo tenerle paciencia".

Algunos pueden resistir la idea de expresar verbalmente una intención de cambiar por temor a que no haya cambio verdadero. Un hombre me preguntó: "¿No empeorará esto simplemente las cosas?". Es verdad que cambiar comportamientos toma tiempo, y en el proceso podríamos sufrir fracasos adicionales. (Hablaremos de eso más tarde en el capítulo). Pero estos fracasos no necesariamente impiden que hagamos cambios positivos verdaderos.

La gran pregunta es: "¿Qué pasa si no expresas verbalmente tu intención de cambiar?". Tu filosofía puede ser: "Solo haz los cambios; no hables de ellos". El problema con ese enfoque es que la persona agraviada no puede leerte la mente. No sabe que en tu corazón has decidido cambiar. Podría tomarle semanas o meses observar la diferencia en ti, pero aun entonces no sabe qué motiva la transformación. Al disculparte, es mucho mejor declarar tu intención de cambiar. Entonces la persona ofendida sabe que reconoces realmente que tu comportamiento es incorrecto, y que tienes la intención plena de cambiarlo.

Al disculparte, es mucho mejor declarar tu intención de cambiar.

Está perfectamente bien decirle al otro que esperas que tenga paciencia contigo porque sabes que no tendrás 100% de éxito inmediato, pero que tu intención es cambiar ese comportamiento destructivo. Ahora que la persona agraviada sabe tu intención y siente que tu disculpa es sincera puede perdonarte incluso antes que los cambios se realicen de verdad.

"Me disculparé, pero no cambiaré"

Nicolás es chistoso por naturaleza: alguien jovial que siempre hace comentarios jocosos. El problema es que muchos de sus chistes son subidos de tono. Esto molesta y avergüenza a su esposa Teresa. Pero Nicolás se defiende: "Mira, no son chistes sucios; son chistes con los cuales todo el mundo puede identificarse. Por eso hago reír a muchos". Sin embargo, Teresa no se ríe, y estas bromas se han vuelto un gran problema en su matrimonio. Nicolás está dispuesto a decir: "Lamento haberte ofendido. No es mi intención hacerte daño". Pero no está dispuesto a declarar: "Me equivoqué, y cambiaré la clase de chistes que hago".

En mi oficina, el hombre se defendió afirmando: "Nadie más encuentra ofensivos mis chistes". Pero al investigar un poco descubrimos que una cantidad de personas, especialmente mujeres en su oficina, encontraban ofensivo el humor de Nicolás. Simplemente no habían tomado la iniciativa de confrontarlo.

Algunas semanas más tarde, cuando le comuniqué a Nicolás esta información, comenzó a pensar de modo diferente. No obstante, esta información no debió haber sido necesario para que se arrepintiera de su conducta. El hecho de que lastimara profundamente a su esposa, y creara una barrera emocional entre ellos dos, debió haber bastado para motivarlo a hacer cambios. En realidad, fue su poca disposición de arrepentirse lo que llevó al matrimonio al punto del divorcio. Cuando Nicolás se dio cuenta de que debía cambiar o perdería su matrimonio, estuvo dispuesto a cambiar.

Es errónea la idea de que solo debemos cambiar cuando estamos haciendo algo moralmente malo. En un matrimonio saludable solemos hacer cambios que no tienen nada que ver con moral sino con edificar un matrimonio armonioso. Por ejemplo, no disfruto aspirando pisos, pero lo hago con regularidad. Me arrepentí de mi insensibilidad para satisfacer las necesidades de Karolyn cuando descubrí que su principal lenguaje del amor son actos de servicio, y que aspirar pisos es un dialecto especial que ella aprecia en gran manera. Pasar la aspiradora en sí no es un asunto moral. Sin embargo, es un asunto *marital*, y puede ser determinante entre que una esposa se sienta amada y que no se sienta así. Prefiero más vivir con una esposa cuyo tanque de amor está lleno. Por tanto, mi arrepentimiento fue un pequeño precio a pagar por el privilegio de vivir con una mujer feliz.

MÁS QUE PALABRAS: CAMBIO AUTÉNTICO

El segundo paso en la senda del arrepentimiento es desarrollar un plan para implementar el cambio. Con frecuencia, las disculpas no tienen éxito en restaurar la relación porque no hay un plan para hacer que los cambios sean posibles. Janina y Tomás celebraron recientemente su aniversario de plata, pero ella admite que no les queda mucho del matrimonio después de veinticinco años: "Él tiene problemas con la bebida. A menudo se disculpa por la forma en que me trata cuando está bebiendo, pero ambos sabemos que estas solo son palabras. Palabras que se expresan con sinceridad en el momento, pero los dos sabemos que no hay compromiso que las respalde, ningún plan para hacer cambios".

Internarse en un centro de tratamiento es un plan que podría cambiar radicalmente el estilo de vida y matrimonio de esta pareja, pero hasta este momento Tomás no ha estado dispuesto a tener un plan para cambiar, por lo que sigue recorriendo el mismo camino previsible.

"Él es un buen hombre, y no quiero perderlo"

Conocí a Rafael y Rita en Nueva Orleans después de mi conferencia sobre los cinco lenguajes del amor.

—Estamos teniendo problemas en nuestro matrimonio —empezó diciendo Rafael.

Luego explicó que, después de leer *Los cinco lenguajes del amor* un año antes, se dio cuenta de que los lenguajes del amor de su esposa son toque físico y tiempo de calidad. Le contó esto a Rita y creyó que ayudaría al matrimonio si ella expresara los lenguajes del amor de él.

—En ese momento sentía que ella no me amaba —continuó Rafael, con Rita a su lado—. Ella pasaba todo su tiempo con su madre y sus amigas. Sentía que Rita estaba casada más con ellas que conmigo. Me dijo que lo sentía, que no quería hacerme daño, que me amaba mucho, y que trataría de expresar mis lenguajes del amor, pero eso fue todo. Nada cambió. Fue como si ni siquiera hubiéramos conversado. Eso fue hace un año, y aún siento que no le importo a mi esposa ni que le interesa nuestro matrimonio.

Miré a Rita, quien se hallaba al lado de él.

—Realmente lo amo —declaró ella—. Solo que no me crie en una familia muy cariñosa, y se me hace difícil iniciar toque físico. Disfruto pasando tiempo con Rafael, pero tengo un trabajo a tiempo completo, mi madre es muy demandante y me gusta salir con amigas una noche por semana y, antes de darme cuenta, el tiempo se ha esfumado.

—¿Te gustaría sinceramente tener un matrimonio mejor? —pregunté a Rita.

—En realidad, sí —respondió—. Él es un hombre bueno, y no quiero perderlo.

En los cinco minutos siguientes esbocé un plan para que ella aprendiera a expresar el lenguaje del amor del toque físico. Luego le di algunas ideas sobre el tiempo de calidad. La reté a sentarse con Rafael durante quince minutos las noches de lunes, miércoles y viernes para analizar el día de ambos y hablar de cómo iban las cosas. Le dije que en el libro encontraría otras ideas sobre cómo expresar el lenguaje de tiempo de calidad y le insté a que volviera a leer ese capítulo.

Fue una conversación rápida, que yo habría olvidado de no haber sido por una carta que recibí seis meses después en que Rafael manifestaba: "Doctor Chapman, no sé cómo agradecerle el tiempo que pasó con Rita y conmigo en su seminario en Nueva Orleans. Cambió las cosas por completo. Rita tomó en serio su plan. Se ha vuelto sumamente fluida en expresar mis lenguajes del amor. Soy un hombre feliz, y solo quería hacerle saber que usted influyó mucho en nuestro matrimonio". Rita hizo cambios una vez que contó con un plan. Antes tuvo el deseo de satisfacer las necesidades de Rafael, pero el deseo no se volvió realidad hasta que adoptó un plan para hacer cambios. Los planes no tienen que ser muy elaborados, pero sí deben ser específicos.

"Temí que me obligara a proteger a mi hijo contra su propio padre"

A veces, la parte agraviada podrá ayudarte a elaborar un plan. Hace tiempo, yo (Jennifer) hablé ante un grupo pequeño de mujeres sobre los lenguajes de la disculpa. Unas semanas después recibí una llamada de Carla, una de las damas que asistieron. Me contó la siguiente historia: "Mi esposo César es un padre fantástico, pero todos tenemos nuestros momentos. Una noche hizo estallar su ira y frustración en nuestro hijo de cuatro años. El niño estaba fastidiándolo. Mi esposo no lo lastimó físicamente, pero su furia lo asustó terriblemente. Me enojé tanto que lo amenacé con abandonarlo si volvía a actuar de ese modo con alguno de nuestros hijos".

Carla y su marido habían acordado no amenazarse nunca con irse, pero ella sintió ira y preocupación extrema por el comportamiento de él. Ella explicó: "Temí que me obligara a proteger a mi hijo contra su propio padre. Le comuniqué a César mi necesidad de que se disculpara, y dijo. 'Lo siento, pero...'. Entonces empezó a hablar de nuestro hijo y de cómo lo había hecho sentir mal. Pero yo necesitaba que él viera que estaba 100% equivocado y que era responsable de disciplinar sin dejarse llevar por la ira. Necesitaba que César viera cómo su actitud asustó tanto a nuestro hijo como a mí".

Carla quería un plan "para que eso nunca volviera a ocurrir". Los dos trabajaron juntos en un plan y, la mañana siguiente, César se disculpó. "Él fue tan sincero que me hizo llorar —informó Carla—. También se disculpó con nuestro hijo, quien le dijo: 'Papá, me asustaste mucho'. El corazón de mi esposo se conmovió. Preguntó: '¿Perdonas a tu papá?'. Mi hijo contestó: 'Sí'. Entonces César expresó: 'Nunca volveré a hacer eso'".

Carla me dijo que parte del plan que elaboraron juntos fue que, si su esposo sentía que comenzaba a enojarse con los niños, acudiría a ella y diría: "Estoy acalorándome. ¿Podrías tomar el control, por favor?". Él daría un paseo alrededor de la manzana y regresaría e intentaría ayudarla en alguna forma que pudiera. "Hasta ahora el plan está funcionando realmente bien", añadió ella.

¡PONLO POR ESCRITO!

El tercer paso en la senda del arrepentimiento es implementar el plan. Un plan que no se pone en acción es como una semilla que no se siembra. Hacer que el plan funcione requiere pensamiento y acción. A menudo me ha resultado útil escribir en una tarjeta los cambios que intento realizar, y ponerla en el espejo donde me afeito en las mañanas. Es una forma de mantener ese régimen en primer plano de mi mente. Lo más probable es que realice los cambios si soy muy consciente de qué estoy tratando de hacer diferente hoy.

Pequeños cambios, gran diferencia

La esposa de Joel, Jovita, era pendenciera. A él le parecía que casi todo lo que ella decía era negativo y que, cualquier cosa que Joel dijera, Jovita lo contradecía. En nuestras sesiones de consejería se me hizo obvio que el mundo era blanco o negro para ella. Tendía a ver todo como bueno o malo, correcto o incorrecto. Por tanto, si no estaba de acuerdo con la idea de Joel, esa idea era "mala". Le llevó un tiempo entender la diferencia entre algo que es moralmente malo y algo que es tan solo una forma distinta de hacer o ver las cosas. Gran parte de la vida cae en una categoría no moral. La forma en que alguien limpia una casa o degusta la comida en un restaurante no es un asunto moral. Es importante encontrar maneras de discrepar sin condenar.

Es importante encontrar maneras de discrepar sin condenar.

Otra realidad es que la gente percibe las cosas en formas distintas. Cuando Jovita se dio cuenta de que sus patrones del lenguaje le parecían críticos a Joel y que afectaban la relación matrimonial, estuvo dispuesta a explorar formas de cambiar tales patrones.

Uno de los planes que Jovita desarrolló fue que, si no estaba de acuerdo con la idea de Joel, haría primero una declaración afirmante y solo después daría su opinión. En realidad, escribimos tres declaraciones afirmantes que ella podía utilizar:

1. "Esa es una forma interesante de ver el asunto".
2. "Puedo apreciar eso".
3. "Una de las cosas que me gusta de esa idea es...".

A la semana siguiente, Jovita admitió que le había sido muy difícil implementar el plan. "Creo que he seguido la misma rutina por mucho tiempo, y me cuesta cambiar —confesó ella—. Pero hacia la mitad de la semana estaba comenzando a hacer la transición. Inmediatamente vi la forma distinta en que Joel reaccionó. Creo que fue ver la sonrisa en su rostro y saber que estaba complacido con mis esfuerzos lo que me animó a seguir trabajando".

Jovita había escrito las tres declaraciones afirmantes en una tarjeta y las leía varias veces a lo largo del día. "La tarjeta me ayudó realmente —comentó, y luego añadió—, no sabía que un cambio tan pequeño influiría tanto en nuestra relación".

El precio de reconstruir

A veces, implementar el plan para cambiar puede ser costoso. Carolina acudió a mí (Jennifer) en busca de consejo que le ayudara a tratar con depresión y sentimientos de traición. Se había casado con un atractivo atleta profesional llamado Cristóbal cuando ambos tenían veinticinco años de edad. Poco después del nacimiento de su primera hija, su esposo se había envuelto en una aventura amorosa. Al ser confrontado por Carolina, Cristóbal admitió el hecho y manifestó que deseaba salvar el matrimonio.

Durante la consejería, Carolina y yo analizamos términos bajo los cuales ella estaría dispuesta a trabajar en reconstruir el matrimonio. Para ella era fundamental oír de Cristóbal que no solo lamentaba su mala acción, sino que haría cambios en su estilo de vida.

Al final, Cristóbal hizo un cambio muy drástico. Dejó el mundo del deporte profesional y aceptó un trabajo de escritorio para evitar la tentación. Además, se dedicó a recuperar la confianza de Carolina al decirle dónde estaría y permitiéndole el acceso a su teléfono inteligente y a las cuentas de correo electrónico.

Carolina necesitaba saber que las cosas serían diferentes en el futuro, y Cristóbal ofreció estas concesiones a fin de restablecer la confianza. Carolina lo perdonó y, cinco años después, su matrimonio era muy fuerte.

Julia y Josefina eran amigas cercanas del colegio que decidieron alojarse juntas cuando fueron a la misma universidad. En el colegio, su amistad había sido satisfactoria y agradable. En la universidad, Julia era muy social y se atareaba con nuevas actividades.

Por otra parte, Josefina era más introvertida y quería que Julia pasara más tiempo con ella en el dormitorio que compartían. Por su parte, Julia notó que Josefina rara vez salía excepto para asistir a clases. Así que invitó a su amiga a ir a una actividad semanal con sus amigos y al gimnasio. Josefina se negaba constantemente, diciendo: "No, porque..." casi antes que Julia terminara la invitación. Pero también le resentía cada vez más la abundante vida social de Julia.

Una noche, la tapa que Josefina había estado manteniendo sobre su resentimiento explotó, y en un arrebato de ira acusó a Julia de ser fría, indiferente, egocéntrica, no disponible y terrible amiga y compañera de habitación. Julia se sintió muy dolida, y las dos vivieron casi en silencio durante unos días. Es necesario reconocer que finalmente Josefina comprendió que había sido injusta al culpar a Julia por su propia soledad. Se disculpó ante su compañera de cuarto por sus palabras desagradables.

Julia quiso aceptar la disculpa, aunque solo por el bien de la armonía en la habitación. Pero se preguntó: *Josefina ya explotó una vez conmigo. ¿Y si sigue haciéndolo?* Que Julia se sintiera segura de aceptar la disculpa de Josefina requeriría un plan para cambiar. Las dos hablaron y finalmente acordaron seguir pasos de prevención: Josefina se uniría a Julia en hacer amistades o encontraría sus propios amigos nuevos. Si una de las dos sentía que empezaba a sentir frustración hacia la otra, hablarían del asunto antes que explotaran con ira. Finalmente, acordaron planificar algunas cosas divertidas para hacer las dos solas, como en los viejos tiempos.

¿Y SI FALLAMOS?

El hecho de que estemos trabajando en un plan para el cambio constructivo no significa que tendremos éxito inmediato. A menudo hay fracasos en el camino, aunque sinceramente tratemos de hacer cambios. Estos fracasos no tienen que derrotarnos.

Belén y Joselo han estado casados por cuatro años. Ella ofrece esta versión de lo que sucedió en sus primeros meses de matrimonio: "Habíamos estado casados durante nueve meses cuando Joselo perdió su empleo, que representaba el 50% de nuestros ingresos. Se deprimió, ya que estuvo desempleado casi un año. Durante ese tiempo amenazó con dejarme. Yo sabía que estaba deprimido, por lo que traté de no culparlo, pero lo que dijo me dolió. Más tarde se disculpó por amenazar con dejarme y afirmó que trataría de no volver a decir eso".

Belén hizo una pausa, y luego continuó.

"Tuvo éxito casi durante un mes. Entonces un día, en el calor de la ira, manifestó: 'No soy bueno para ti; por tanto, debería irme'. Esto creó mucha inseguridad en mí, y le hice saber cuánto me había dolido. Al día siguiente se disculpó otra vez y me dijo que estaba muy deprimido y abatido, y que eso no era culpa mía. Me pidió que orara por él, y esperaba nunca más volver a hablar de irse. No ha vuelto a mencionarlo en más de tres años. Es más, tiene un buen trabajo y nos llevamos muy bien. Me alegro de no haberlo abandonado cuando estaba deprimido".

> **Me alegro de no haberlo abandonado cuando estaba deprimido.**

Es mejor cuando reconoces rápidamente cualquier falla subsecuente, incluso antes que la persona agraviada te confronte. Una disculpa rápida indica que eres sincero en tus esfuerzos de cambiar. Una mujer dijo: "Soy muy consciente de mi tendencia a criticar a mi hija casada de veintitantos, especialmente cuando se trata de tareas hogareñas. Soy maniática de la limpieza y ella no. Mi marido me exhortó por mi tendencia de ir a la casa de mi hija y señalar algunos desórdenes, o andar recogiendo cosas. Por lo demás, ella y yo tenemos una relación maravillosa y cercana, y me molesta cuando discutimos. He ofrecido disculpas y prometido portarme mejor y, en más de una ocasión, me he sorprendido diciendo '¿Por qué no...?', para luego detenerme y declarar 'No, NO voy a molestar'. (¡También conocido como morderse la lengua!)".

Por otro lado, cuando no admitimos nuestras recaídas, esto comunica al cónyuge que no fuimos sinceros en nuestras disculpas. Debido a nuestra vergüenza, por lo general no queremos admitir nuestro fracaso, pero es mejor reconocer de inmediato la recaída.

Levántate e inténtalo de nuevo

Cuando en nuestros esfuerzos por cambiar "caemos de nuevo", debemos admitir nuestro fracaso lo más rápido posible. Levantémonos y volvamos a intentarlo. Esta es una de las razones de por qué Alcohólicos Anónimos ha tenido éxito en ayudar a personas a superar la adicción al alcohol. Uno de los doce pasos es: "Admitimos ante Dios, ante nosotros mismos y ante otro ser humano la naturaleza exacta de nuestras faltas".[2] Admitir lo incorrecto y confesarlo ante Dios y otra persona confiable requiere tanto humildad como sinceridad, pero da la oportunidad de comenzar otra vez.

Hace tiempo me hallaba jugando con mi nietita, quien intentaba construir una estructura de Legos plásticos que en cierto momento se derrumbaba. Me di cuenta de que la niña estaba frustrándose con el proceso, por lo que le dije: "Déjame decirte algo que mi madre me enseñó. 'Si no tienes éxito al principio, inténtalo de nuevo'. ¿Comprendes lo que significa esto?". Ella asintió y siguió trabajando en el proyecto.

Más tarde, ese día intenté abrir un frasco de conservas, pero me estaba resultando difícil. Mi nieta me miró y declaró: "Si no tienes éxito al principio, inténtalo de nuevo". Reí. Ella rio, y lo intenté de nuevo, esta vez con éxito. Esta es una lección importante para aprender.

---

2. https://www.aa.org/assets/es_ES/sp_step5.pdf.

Thomas Edison fracasó muchas veces antes de que lograra inventar la bombilla eléctrica. A Babe Ruth lo poncharon más veces de las que bateó jonrones. Abundan las historias de actores y escritores famosos que estuvieron en el anonimato durante años, rechazados por editoriales y para papeles en películas, antes de encontrar la fama. La tragedia es que a menudo las personas se dan por vencidas cuando están cerca de la puerta del éxito. Los viejos patrones de comportamiento mueren lentamente, pero tendremos éxito si perseveramos, si en oración nos comprometemos a cambiar y buscar el apoyo de personas de confianza que nos ayuden en ese cambio.

Invitar a la persona agraviada para que te ayude a idear un plan de cambio es quizás la mejor manera de mostrar eficazmente arrepentimiento. Podrías decir algo así:

DECLARACIONES DE AUTÉNTICO ARREPENTIMIENTO

Soy consciente de que mi comportamiento fue muy doloroso para ti. No quiero volver a hacer eso nunca más. Estoy abierto a cualquier idea que tengas sobre cómo puedo cambiar mi conducta.

¿Cómo podría yo decir eso en una forma distinta que no consideraras crítica?

Sé que lo que estoy haciendo no es útil. ¿Qué cambio te gustaría ver en mí que te hiciera sentir mejor?

Realmente quiero cambiar. Sé que no voy a ser perfecto, pero de veras quiero tratar de cambiar este comportamiento. ¿Tendrías la disposición de recordarme si vuelvo a los antiguos patrones? Solo di "recaída". Creo que eso me ayudará a detenerme y cambiar mi dirección.

Te decepciono al cometer el mismo error una y otra vez. ¿Qué necesitarías para empezar a reconstruir la confianza en mí?

Este es un patrón a largo plazo para mí. Aunque deseo cambiar, sé que será difícil, y que podría fallar lastimándote mientras intento hacerlo. Apreciaría de veras que me ayudaras a pensar en una forma de ayudar, a fin de que mis cambios se mantengan, y que me animes cuando me veas haciendo cosas que ayuden. ¿Puedo contar contigo para que seas mi compañero de equipo en esto?

Hablemos

Enumera algunas de las diferencias que has observado entre hombres y mujeres cuando piden disculpas. ¿De dónde crees que provienen tales diferencias?

Este capítulo define el arrepentimiento como "dar la vuelta" o "cambiar de opinión". ¿En qué otras maneras has oído que se define al arrepentimiento? ¿Qué crees de la idea de que el arrepentimiento incluye el concepto de "trataré de no volver a hacer eso"?

Habla de una ocasión en que querías que tu cónyuge (u otra persona cercana a ti) no solo se disculpara, sino que cambiara su comportamiento. ¿Qué sucedió?

Capítulo 6

"¿Me perdonas de corazón?"

PEDIR PERDÓN

Hace años, mi madre (de Jennifer) trabajaba en una oficina en Chicago. Se llevaba bien con todos sus compañeros de trabajo, pero, una tarde, una compañera le dijo que estaba molesta porque mi madre "nunca se disculpaba".

Mamá titubeó, luego recordó un incidente en que cometió una equivocación que afectó a esta persona.

—Sentí que me había disculpado rápidamente —me comentó mamá—, asumiendo la responsabilidad y diciéndole que lamentaba la molestia. Entonces, con cautela le pregunté qué necesitaba escuchar de mí.

—Bueno, ¡no me pediste que te perdonara! —exclamó la compañera.

—Bien, quiero que me perdones, porque valoro nuestra relación —contestó mamá—. Así que déjame preguntarte ahora: ¿me perdonas, por favor?

—Sí, te perdono —respondió la compañera.

Ambas rieron, y las cosas volvieron a estar bien entre ellas, porque mi madre había aprendido el lenguaje de la disculpa de la mujer.

"SÉ QUE TIENES UNA AVENTURA AMOROSA"

Cuando Jennifer me habló de esta conversación con su madre, pensé en una pareja que aconsejé varios años atrás. Ángela y Martín habían estado casados durante nueve años, cuando ella descubrió que él estaba viéndose con una mujer en la oficina. Lo confrontó diciéndole: "Sé que tienes una aventura amorosa con Ana. Tengo testigos presenciales, por lo que no necesitas tratar de negarlo". Le dio a Martín una alternativa: o salir de casa en una semana, o acabar con la aventura amorosa y aceptar ir a consejería.

—No puedes quedarte con las dos —decretó ella—. La decisión es tuya.

Martín se fue, pero una semana después regresó para decir que quería trabajar por el matrimonio y que estaba dispuesto a romper su relación con Ana.

—Lo que me molesta es que Martín no está dispuesto a pedirme que lo perdone —comentó Ángela después de unas semanas en el proceso de consejería—. Él dijo que lo lamentaba, y realmente creo que ha terminado la aventura amorosa. Yo no estaría dispuesta a trabajar por el matrimonio si no creyera eso. Pero Martín no me pedirá que lo perdone.

> ¿Cómo puedo perdonarte cuando no quieres ser perdonado?

—Es como si estuvieras tratando de hacerme decir esas palabras —cuestionó Martín.

—No trato de hacer que hagas algo —replicó Ángela—. Pero parece que no estás dispuesto a admitir que estás equivocado.

—*Dije* que me equivoqué.

—¿Por qué, entonces, no me pides que te perdone? —suplicó ella—. Estoy dispuesta a perdonarte; quiero hacerlo. Sin embargo, ¿cómo puedo perdonarte cuando no quieres ser perdonado? Es como si creyeras que no necesitas perdón porque realmente no has hecho algo malo. No entiendo eso.

—Sé que hice mal. Solo que pedirte perdón es muy difícil —reconoció Martín meneando la cabeza; los ojos se le llenaron de lágrimas—. ¡No sé por qué es tan difícil!

En nuestra investigación descubrimos que hay muchas Ángelas en el mundo. Cuando pregunté: "¿Qué esperas en una disculpa?", una persona de cada cinco (21%) contestó: "Espero que él / ella me pida perdón".[1] Para quienes piensan así, estas eran las palabras mágicas que indicaban sinceridad.

¿Por qué, entonces, pedir perdón es tan importante para algunas personas y un lenguaje tan difícil de expresar para otras (como Martín)?

¿POR QUÉ BUSCAR PERDÓN?

¿Por qué es tan importante pedir perdón? He aquí las respuestas que descubrimos.

Primero, pedir perdón *indica a alguien que deseas ver la relación totalmente restaurada*. Mateo y Camila han estado casados durante quince años. Él expresa: "Cuando ella me pide que la perdone, sé que no quiere que haya secretos. Anhela que nuestra relación sea auténtica. Sea lo que sea que Camila diga en la disculpa, sé que cuando llega al momento en que me pide que la perdone, es totalmente sincera. Por eso es que logra que me resulte fácil perdonarla. Sé que ella valora nuestra relación más que cualquier cosa. Eso me hace sentir realmente bien".

Cuando ocurre un agravio, inmediatamente se crea una barrera

1. Llevamos a cabo una encuesta de más de 370 adultos durante 2004-2005 en varios seminarios matrimoniales, y también recopilamos respuestas en el sitio web garychapman.org. Esta fue una encuesta no científica, pero incluyó encuestados solteros y casados. La mayoría de los encuestados en los seminarios eran parejas casadas o comprometidas. La encuesta/cuestionario incluyó siete preguntas.

emocional entre dos personas. A menos que esa barrera se elimine, la relación no puede continuar. Una disculpa es un intento de quitar la barrera. Si descubres que el principal lenguaje de la disculpa de la persona es pedir perdón, entonces esta es la manera más segura de eliminar la barrera. Para esa persona, esto es lo que indica que auténticamente quieres ver restaurada la relación.

Una segunda razón de que pedir perdón sea importante es que *muestra que te das cuenta de que algo está mal,* que has ofendido a la otra persona, con o sin intención. Lo que dijiste o hiciste quizás no sea moralmente malo. Incluso pudiste haberlo dicho o hecho en broma. Pero eso ofendió a la otra persona, quien ahora lo utiliza contra ti. Es un agravio que ha creado una ruptura entre ustedes dos. En ese sentido, está mal y pedir perdón sería lo apropiado, especialmente si este es el principal lenguaje de la disculpa de la persona. Pedir perdón es una admisión de culpa. Muestra que sabes que mereces condenación o castigo.

En tercer lugar, pedir perdón *muestra que estás dispuesto a poner el futuro de la relación en manos de la persona agraviada.* Has admitido que te equivocaste; has expresado arrepentimiento; tal vez ofreciste una compensación, pero ahora dices "¿Me perdonas?". Sabes que no puedes responder a esa pregunta por esa persona. Es una decisión que él o ella deben tomar: perdonar o no perdonar. Y el futuro de la relación reposa en esa decisión. Esto quita el control de tus manos, y para algunas personas es sumamente difícil.

¿DE QUÉ TENEMOS MIEDO?

Pedir perdón es especialmente difícil para aquellos individuos que tienen fuertes personalidades controladoras. ¿Recuerdas cómo Martín tenía tanta dificultad en pronunciar a Ángela las palabras "puedes perdonarme"? Cuando Martín completó una prueba de personalidad, él y Ángela supieron que el factor control ocupaba un lugar dominante en él. Esto significa que Martín se sentía incómodo cuando no tenía el control de una situación. Pedirle perdón a Ángela era renunciar al control y poner el futuro de la relación en manos de ella. Subconscientemente esto le resultaba muy difícil.

En última instancia, Martín comprendió que el individuo sano es aquel que reconoce sus rasgos de personalidad, los acepta como el patrón normal de operación, pero se niega a ser controlado por ellos cuando son evidentemente funcionales para una relación.[2] Por tanto, Martín pudo decirle a Ángela: "¿Me perdonas, por favor?". Ella respondió con lágrimas, un abrazo, y un definitivo "¡Sí!". La relación fue restaurada cuando él expresó el principal lenguaje de la disculpa de ella.

Muchos de nosotros tememos el rechazo, que es otra razón por la cual es difícil pedir perdón. El temor al rechazo es común a los seres humanos. Hamilton Beazley, académico residente en St.

> A nadie le gusta ser rechazado, pero para algunas personas el rechazo es casi insoportable.

Edward's University en Austin, Texas, y autor de *No Regrets* [Sin arrepentimiento], declara: "Disculparnos es admitir que cometimos un error, y no nos gusta tener que hacer eso... Nos hace vulnerables porque estamos pidiendo algo (perdón) que creemos que solamente la otra persona puede otorgar, y podríamos ser rechazados".[3]

A nadie le gusta ser rechazado, pero para algunas personas el rechazo es casi insoportable. Para tales individuos, pedir per-

---

2. Recuerda que para aquellos con personalidad controladora, pedir perdón está fuera de su zona emocionalmente cómoda. A fin de aprender con éxito a hablar el lenguaje de la disculpa de pedir perdón o, para el caso, cualquiera de los idiomas de la disculpa, un individuo muy controlador necesitará la ayuda de un tercero: Dios, un consejero externo, un pastor, o un amigo que esté dispuesto a ser sincero con él o ella.

3. Joanne Kaufman, "Forgive Me!", *Good Housekeeping*, noviembre de 2004, p. 174.

dón es realmente difícil porque saben que el perdón yace en las manos de la otra persona, y una de las dos alternativas es que no reciban perdón, lo cual equivale a rechazo. La respuesta para esta persona es reconocer el miedo, pero no permitir que la controle. El proceso de razonamiento puede ser algo así: "Sé que mi más grande temor es el rechazo. También sé que mi comportamiento ha creado un problema en esta relación, y que la única forma de eliminarlo es disculpándome sinceramente. Por tanto, si pedir perdón es el lenguaje de la disculpa de la otra persona, enfrentaré mis temores y preguntaré: '¿Me perdonas, por favor?'". Las personas maduras reconocen sus temores, pero se niegan a dejarse cautivar por estos. Cuando valoran una relación, están dispuestas a enfrentar sus miedos y dar los pasos necesarios para traer sanidad a la relación.

Otro temor que a veces impide a la gente pedir perdón es el miedo al fracaso. Un individuo así típicamente tiene una fuerte brújula moral. Para él, "hacer lo correcto" se equiparará con ser bueno o tener éxito. A lo largo de la vida ha intentado hacer lo correcto. Y, cuando lo hace, se siente exitoso. Para esta persona reconocer un error equivale a admitir: "Soy un fracaso". Por tanto, le resulta difícil admitir que es mala. Típicamente sostendrá con vehemencia que lo que hizo no es malo. Expresará algo así: "Puede que te haya herido", o "Puede que te haya insultado". "Lo tomaste en la manera equivocada; no quise decirlo de ese modo".

A veces, la forma en que este individuo se defiende es más ofensiva que el agravio original, pero él no ve esto. Sostendrá: "Solo estoy tratando de hacer que entiendas la verdad". Esta clase de persona casi nunca se disculpa. No nos sorprendió descubrir decenas de individuos que dijeron: "Mi cónyuge casi nunca me pide perdón". Un marido declaró: "Ella es demasiado obstinada para disculparse. Hemos estado casados por diez años, y nunca se ha disculpado". Una esposa confesó: "No sé si es orgullo masculino, pero él simplemente no puede disculparse a menos que le dé un tratamiento de silencio durante un par de días. Prefiere que los dos seamos infelices antes de admitir que está equivocado".

¡La respuesta para estas personas es comprender que el miedo al fracaso, al igual que el miedo al rechazo, es uno de los temores más comunes de la humanidad! El primer paso es reconocer este miedo, primero ante nosotros mismos, diciendo algo como: "A veces hago y digo cosas que ofenden a alguien que amo, y que dañan nuestra relación. La única forma de enmendar las relaciones es pedir disculpas, así que debo aprender a disculparme a pesar de mi temor. Entiendo que cometer una equivocación, decir o hacer algo que ofende a otra persona, es algo que todos hacemos. Esto no significa que yo sea un fracaso. Admitir que lo que hice fue malo no me convierte en un fracaso. Es más, me ayudará a sanar la relación. Por consiguiente, enfrentaré mi miedo, admitiré que estoy equivocado, y pediré perdón".

La persona que razona así está en la senda de convertirse en alguien bueno disculpándose, así como en un individuo saludable.

En una de nuestras conferencias, Lina nos contó su historia: "Cuando ustedes comenzaron a hablar de los diferentes lenguajes de la disculpa, me dije: 'Eso somos nosotros'. Mi esposo a menudo dice 'lo siento', y cree que se disculpa. Pero siempre le digo: 'No estás disculpándote. No estás admitiendo que te equivocaste'. Mientras ustedes hablaban me di cuenta de que hemos estado hablando diferentes lenguajes. Él asegura que lo siente, y para mí eso no es gran cosa. Necesito que pregunte: '¿Me perdonas?', porque entonces yo sentiría que está admitiendo su error al pedirme perdón. Esto me facilita perdonarlo y olvidarme del asunto. Antes de esta noche es como si nunca hubiéramos cerrado el asunto siempre que uno de nosotros ofendía al otro. Hablábamos al respecto, y tratábamos de disculparnos, pero parecería que el tema nunca quedaba resuelto. Más tarde decíamos: 'Bueno, dije que lo lamentaba. ¿Por qué te aferras a esto? ¿Por qué no puedes superarlo?'. Yo no sabía por qué no podía superarlo. Es solo que no parecía correcto. ¡Ahora lo entiendo!".

PEDIR, ¡NO EXIGIR!

Hay una gran diferencia entre *pedir* perdón y *exigir* perdón. Una esposa expresó: "Puedo oírlo ahora en mi cabeza. Lo he escuchado centenares de veces en nuestros veinticinco años de matrimonio. Él insiste: 'Dije que lo siento. ¿Qué más quieres?'. Simplemente desearía que alguna vez me mirara a los ojos y declarara: '¿Me perdonas, por favor?'. Él exige mi perdón, pero no se disculpa, y no cambia nada".

Nunca tuve una oportunidad de hablar con el esposo de esta mujer, pero tuve la fuerte sospecha de que él tenía una personalidad controladora y miedo al fracaso. Si se hubieran tratado estos dos rasgos de personalidad, la relación entre ellos no habría terminado como terminó: en divorcio.

No exijas perdón. No puedes esperarlo. Cuando exigimos perdón, no entendemos la naturaleza del perdón, el cual esencialmente es una *decisión* de levantar el castigo y dejar que la persona regrese a nuestra vida. Se trata de perdonar el agravio para que podamos volver a desarrollar confianza. El perdón expresa: "Me importa nuestra relación. Por tanto, decido aceptar tu disculpa y ya no demandar justicia". Esencialmente es un regalo. Un regalo que se exige ya no es regalo.

Cuando en calidad de ofensor exijo ser perdonado, soy como un monarca sentado en un trono, juzgando a la persona ofendida como culpable de tener un corazón no perdonador. La persona ofendida está herida y enojada por mi ofensa, pero trato de hacerla sentir culpable por no perdonarme. Por otra parte, cuando acudo a la parte ofendida y declaro: "¿Me perdonas?", estoy inclinándome ante su trono y solicitando que perdone mi ofensa. Soy consciente de que, si concede mi petición, soy receptor de su misericordia, amor y gracia. El perdón siempre debe pedirse, mas nunca exigirse.

NO POCA COSA

Entiende, por favor, que cuando solicitas ser perdonado, estás haciendo una enorme petición. Será algo costoso para la persona que has ofendido. Para perdonarte debe renunciar a su deseo de justicia. Debe renunciar a su dolor e ira, a su sentimiento de vergüenza o humillación. Debe renunciar a sus sentimientos de rechazo y traición. En ocasiones, debe vivir con las consecuencias de tu comportamiento incorrecto.

Estas pueden ser consecuencias físicas que necesitan perdón, como una enfermedad de transmisión sexual, un hijo nacido de un amante extraño, o el recuerdo de un aborto. Otras consecuencias pueden ser emocionales, como las imágenes mentales de tu rostro enrojecido y tu voz levantada, las imágenes de ti en manos de otro amante, o tus palabras hirientes que se repiten una y otra vez en la mente del ofendido. La persona que has herido tiene que vivir con todo esto y mucho más, y procesarlo para perdonarte. No es poca cosa lo que estás pidiéndole. Como afirma un antiguo proverbio chino: "Cuando te inclines, inclínate bien".

Debido al alto costo del perdón, no esperes que la persona ofendida te perdone de inmediato.

> No esperes que la persona ofendida te perdone de inmediato.

Si el agravio es menor y te disculpas en el principal lenguaje de la disculpa del ofendido, quizás rápidamente pueda extenderte perdón. Pero si la ofensa es grave y se repite a menudo, la parte agraviada tardará en procesar tu disculpa, especialmente si su lenguaje de la disculpa es el lenguaje de restitución o arrepentimiento. Se necesita tiempo para ver si cumples con la restitución o te arrepientes auténticamente y cambias comportamientos destructivos. La persona debe estar convencida de tu sinceridad, y eso puede tardar.

Mientras tanto, tu mayor virtud debe ser la paciencia. Asegúrate (1) de hablar el principal lenguaje del amor de la persona ofendida, y (2) de hacer todo lo posible por cambiar tu comportamiento. Si eres constante en estas actividades, es probable que recibas perdón al debido tiempo.

Pedir verbalmente perdón *después* de haber expresado una disculpa usando alguno de los otros lenguajes de la disculpa es a menudo la llave que abre la puerta a la posibilidad del perdón y la reconciliación. Podría ser el único elemento de tu disculpa que la persona ofendida espera escuchar. "¿Me perdonas, por favor?" es el ingrediente que la convence de que eres realmente sincero en tu disculpa. Sin pedir perdón, tus declaraciones ("lo siento, me equivoqué, te compensaré, nunca más volveré a hacerlo") pueden parecer comentarios simplistas diseñados para echarle tierra al asunto sin tratarlo realmente.

He aquí algunas declaraciones que podrían ayudarte a aprender a hablar el lenguaje de la disculpa *de pedir perdón*.

DECLARACIONES DE PETICIÓN DE PERDÓN

Lamento mucho el modo en que te hablé. Sé que fui escandaloso y duro. No merecías eso. Estuvo muy mal de mi parte, y quiero pedirte que me perdones.

Sé que lo que hice te hirió profundamente. Tienes todo el derecho de no volver a hablarme nunca, pero lamento realmente lo que hice. Y espero que tu corazón te dicte que me perdones.

No tuve intención de hacerte daño, pero evidentemente lo hice. Comprendo eso ahora, y veo que mis acciones estuvieron mal, aunque yo solo quería bromear. No es correcto divertirse cuando alguien sale lastimado. Te prometo que intentaré no volver a hacer eso. Y quiero pedirte que me perdones, por favor,

Hablemos

¿En qué momento creíste que te disculpaste por algo, pero después descubriste que la otra persona no sintió que te hubieras disculpado? ¿Qué medidas adicionales tomaste en esa situación?

¿Has tenido que perdonar, o pedir perdón alguna vez? ¿Cómo te sentiste?

¿Cómo podemos aprender a ofrecer perdón incluso en situaciones en que la otra persona no está dispuesta o no puede pedirlo?

Capítulo 7

¿Cómo dices que lo sientes?

Ahora es tu turno. Al haber pasado por los capítulos anteriores, ¿has reconocido a tu cónyuge, a tu hijo, a tu amigo, o a ti mismo en alguno de los ejemplos? Sé que, a través de esta investigación, yo (Jennifer) tengo una comprensión más profunda de mi esposo, J. T., quien es un pensador racional y para quien los debates son rutinarios, y ser preciso es de primordial importancia. Hace poco me di cuenta de que mis disculpas deberían incluir "me equivoqué" a fin de que él escuchara mejor mi arrepentimiento. J. T. necesita que yo asuma responsabilidad. Por el contrario, los sentimientos son mi máxima prioridad. Necesito que él exprese arrepentimiento, que diga que le preocupan mis sentimientos: "Lo lamento". Para nuestro decimotercer año de casados finalmente habíamos aprendido a acortar nuestros argumentos disculpándonos no en nuestros lenguajes sino en el principal lenguaje de la otra persona.

Lo que hemos aprendido en nuestro matrimonio es lo que Gary y yo hemos comprobado que es cierto en la mayoría de matrimonios: generalmente, los esposos y las esposas no tienen el mismo lenguaje principal de la disculpa. En consecuencia, sus disculpas a menudo encuentran resistencia en vez de perdón.

Mientras miraba los datos de nuestra investigación de la disculpa, revisé el grado en que esposo y esposa coincidían en sus lenguajes. Encontré que el 75% de parejas *diferían* en su lenguaje preferido de la disculpa. Sorprendentemente, de ese 75% que prefiere un diferente lenguaje de la disculpa, ¡en un 15% de las parejas, el principal lenguaje de la disculpa en uno de los miembros era la *última elección* del otro! Si te disculpas con tu cónyuge del modo en que más te gusta que se disculpen contigo, nuestros datos sugieren que, en promedio, ¡no te toparás con el lenguaje favorito de la disculpa de tu cónyuge sino hasta tu tercer intento! Suponiendo que el estudio sea exacto, ¡eso significa que tres de cada cuatro parejas deben aprender a expresar un lenguaje de la disculpa diferente al que más quieren escuchar!

> **Encontré que el 75% de parejas *diferían* en su lenguaje preferido de la disculpa.**

PREGÚNTATE...

He aquí varias preguntas para ayudarte a identificar tu propio lenguaje preferido de la disculpa:

Pregunta 1: ¿Qué espero que la persona haga o diga?

Ramiro y Beatriz estuvieron en mi oficina debido a una acalorada discusión que habían tenido porque él había olvidado su aniversario y no había planeado nada especial para celebrarlo. Los escuché a ambos por algún tiempo.

—¿Qué tendría que decir o hacer Ramiro para que lo perdones? —le pregunté a Beatriz.

—Quiero que diga que lo siente —respondió ella—. No creo que entienda lo mucho que me dolió realmente esto. Quiero que admita que estuvo mal. ¿Cómo podría olvidar esa fecha? Y sería muy bueno que tratara de planificar algo para compensarme, algo que se le ocurra por sí mismo.

—Has mencionado tres aspectos —comenté—. Quieres que él te diga que lo siente. Quieres que admita que eso estuvo mal. Y te gustaría que haga algo para compensarte. Si pudieras conseguir solo *una* de estas cosas, ¿cuál elegirías?

—Más que nada, quiero que sepa cuánto me ha lastimado —explicó Beatriz—. No creo que se dé cuenta. Los días especiales no son tan importantes para él como lo son para mí.

Fue obvio para mí que el principal lenguaje de la disculpa de Beatriz era expresar arrepentimiento. Quería oírle decir a Ramiro: "Comprendo cuánto te he herido. Sé que la celebración de nuestro aniversario es importante para ti. No puedo creer que lo olvidara. Lo lamento de veras". Entonces si él añadiera "Espero que me permitas compensarte", eso sería el toque final que daría definitivamente inicio al proceso de perdón en el corazón y la mente de ella.

Pregunta 2: ¿Qué es lo que más te duele de esta situación?

Esta pregunta es especialmente útil si el ofensor aún no se ha disculpado del todo, o no lo ha hecho a tu satisfacción. A Kevin lo había herido profundamente su hermano mayor Gregorio. Siempre habían tenido una relación cercana y se consideraban tanto amigos como hermanos. Seis meses antes, Gregorio había recibido un consejo financiero de uno de sus compañeros de trabajo y había hecho una inversión que rápidamente demostró ser exitosa. Le comunicó la buena noticia a Kevin, quien sorprendentemente se enojó.

—¡No puedo creer que no me hicieras partícipe de eso! Es decir, somos hermanos. ¿Por qué no me hablaste de eso?

—No sabía que querrías invertir —contestó Gregorio.

—¿Qué quieres decir con "no sabía que querrías invertir"? ¡Cualquiera querría invertir en un trato como ese! —exclamó Kevin.

La conversación fue de mal en peor y, como resultado, los hermanos no se vieron durante tres semanas. Entonces Gregorio buscó a Kevin y trató de disculparse, pero Kevin no reaccionó en forma muy positiva. Empezaron a hacer cosas juntos otra vez, pero la relación no volvió a ser igual.

Cuando me encontré con ellos en un partido de béisbol, me contaron su problema.

—¿Qué es lo que más te duele respecto a esta situación? —le pregunté a Kevin.

—Creo que Gregorio no admite que lo que hizo estuvo mal. ¿Cómo no dejar entrar a su hermano en un buen negocio? Afirmó que lo sentía, pero no admitirá que lo que hizo estuvo mal.

—No veo que eso haya estado mal —comentó Gregorio cuando lo miré—. En realidad, lamento no habérselo comunicado a Kevin, pero no intenté hacerle daño. Sinceramente, no sabía que él querría invertir. Fue realmente algo sin intención.

Hablamos más y ayudé a Gregorio a ver que, aunque un agravio no sea intencional (por ejemplo, tropezar con alguien en el trabajo y derramarle café encima), te disculparías y quizás ayudarías a limpiar la camisa de esa persona.

—Por tanto, aunque el incidente no fuera intencional, asumirías responsabilidad por tus acciones admitiendo que debiste haber observado por dónde ibas, e intentarías hacer restitución.

—Sí —concordó Gregorio—, porque obviamente derramé el café.

—El café de Kevin está derramado, aunque no lo hiciste con intención —dije después de una pausa.

—Entiendo —expresó—. Debí haber observado por dónde iba el día que recibí el consejo. De ser así, se lo habría comunicado a mi hermano porque amo de veras a este tipo... y no he disfrutado las últimas tres semanas.

Por tanto, mientras yo observaba a los dos en las gradas del gran estadio, Gregorio miró a su hermano.

—Te quiero, Kevin —le dijo—. Y debí haber pensado en ti ese día. Venderé las acciones y te daré la mitad de las ganancias.

—Mira, no tienes que hacer eso —cuestionó Kevin—. Ya has hecho bastante. Te perdono.

Los dos hermanos se abrazaron, y me alegré de haber ido al partido.

Si yo no hubiera hecho a Kevin la pregunta: "¿Qué es lo que más te duele respecto a esta situación?", nunca habría sabido que su principal lenguaje de la disculpa era aceptar la responsabilidad. En consecuencia, yo no habría sabido cómo guiar a Gregorio a ofrecer una disculpa sincera. Gregorio no tuvo que pronunciar las palabras "me equivoqué". Debió aceptar la responsabilidad por sus acciones, diciendo: "Debí haber pensado en ti ese día". Eso es lo que Kevin necesitaba oír para aceptar como sincera la disculpa de su hermano.

Más tarde supe que Gregorio vendió las acciones y le dio a su hermano la mitad de las ganancias del capital. Eso fue "la guinda en el pastel". Esto no habría sido necesario, pero así se selló la disculpa y la relación obtuvo más sanidad.

Pregunta 3: ¿Cómo me disculpo con los demás?

Por lo general, el lenguaje que expresas a otros es el que más quieres recibir. Escucha a María de Green Bay, Wisconsin: "Cuando me disculpo con otras personas, quiero asegurarme de hacerles saber que 'lo siento'. Desearía que esto no hubiera ocurrido. De ninguna manera hubiera querido lastimar a alguien, pero comprendo que lo he hecho. Quiero que sepan que estoy sufriendo, pues me siento muy mal por haber hecho daño". Es probable que el propio lenguaje de la disculpa de María sea expresar arrepentimiento.

Jorge es conductor de camiones en Indianápolis: "Cuando me disculpo, admito que me equivoqué. Para mí, así es una disculpa. Si no admites que estás equivocado, no te has disculpado". Lo más probable es que el lenguaje de la disculpa de Jorge sea asumir la responsabilidad.

Ana de Charlotte, Carolina del Norte, manifestó: "Cuando me disculpo con otras personas, lo que intento hacer es asegurarles que, con la ayuda de Dios, no volveré a hacerles daño. Quiero que sepan que no estoy feliz con lo que hice, y que realmente deseo cambiar mi comportamiento". Es probable que Ana escuche mejor una disculpa en el lenguaje 4: arrepentimiento genuino, que trata de evitar que vuelva a ocurrir el comportamiento.

Quizás dos lenguajes parezcan igualmente importantes para ti, es decir, ambos te expresan en voz alta la sinceridad de la otra persona. Cuando te preguntas qué es más importante, te oyes contestar: *Bueno, en realidad tienen igual importancia.* Entonces podrías ser "bilingüe", lo cual podría hacer más fácil el asunto para quienes se disculpan contigo. Si el ofensor expresa *cualquiera* de esos dos lenguajes, sentirás que esa persona es sincera y te inclinarás a perdonarla.

Para ayudarte a descubrir tu principal lenguaje de la disculpa hemos incluido un perfil del lenguaje de la disculpa en las páginas 177-189. Esto no pretende ser un instrumento científico, pero es una herramienta práctica para ayudarte a descubrir tu lenguaje de la disculpa y analizarlo con las personas importantes en tu vida.

¿QUÉ HAY DEL LENGUAJE DE AQUELLOS QUE AMAS?

Sin embargo, ¿qué hay respecto a descubrir el lenguaje de un cónyuge, un hijo, un padre, o un amigo? Podrías animarlos a leer este libro, contestar las tres preguntas hechas anteriormente, o tomar el perfil y estudiarlo contigo. Esta sería la manera más abierta y quizás la más útil de que las dos partes aprendan a disculparse de modo más eficaz.

También podrías replantear las preguntas 1-3 y usarlas para descubrir el principal lenguaje de la disculpa de la persona. Podrías pedirle que describa una disculpa que alguien le dio alguna vez, y que le pareció insuficiente. En ese caso, ¿qué faltó? Entonces podrías preguntarle: "¿Hubo algo que la persona pudo haber dicho, pero prefirió no decir, y que hubiera hecho sentir más completo tu corazón?". O cuando ofendiste a otra persona, podrías preguntarle: "Sé que te lastimé. Valoro nuestra relación. Por tanto, ¿qué debo decir o hacer a fin de que consideres perdonarme?". La respuesta de la persona probablemente revelará su lenguaje preferido.

Cuando su esposo le hizo esta pregunta, una esposa respondió: "Te diré algo. Nunca pensaría en perdonarte hasta que admitas que lo que hiciste estuvo mal. Actúas como si pudieras decir todo lo que quieras, y eso está bien mientras lo hagas bromeando. Bueno, estoy cansada de tus 'bromas'. Nunca voy a perdonarte hasta que reconozcas que son hirientes y están mal".

La respuesta de ella reveló claramente que su principal lenguaje de la disculpa era que su marido asumiera responsabilidad por su comportamiento y que admitiera su error.

Cuando te das cuenta de que has ofendido a otra persona, podrías replantear la pregunta 2 para que parezca algo así: "Soy consciente de que te hice daño. Puedo verlo en el modo en que respondiste. Lo siento. ¿Por qué no me dices qué es lo que más te dolió de lo que dije o hice?".

La tercera pregunta puede hacerse en un entorno más neutral y en un momento en que ninguno de los dos se haya ofendido recientemente. Podrías decir: "He estado leyendo un libro sobre cómo pedir disculpas a alguien que amas. Permíteme hacerte una pregunta y obtener tu opinión. Cuando expresas una disculpa a alguien más por algo que hiciste que lo hirió, ¿cuál crees que es la parte más importante de la disculpa?".

Si la persona es receptiva, le comunicas los cinco lenguajes de la disculpa. Si dice: "No quiero escuchar lo que hay en el libro, te diré lo que es importante para mí", entonces escucha su respuesta y probablemente descubrirás su principal lenguaje de la disculpa.

A Guillermo, un hombre de negocios de unos cincuenta años, un colega le hizo esta pregunta. Su respuesta fue: "Para mí, la parte importante de una disculpa es hacerle ver a la otra persona que te sientes mal por lo que has hecho o has dejado de hacer".

> **"Para mí, no estás disculpándote si no te sientes mal por lo que has hecho".**

Luego recordó una ocasión en que le pidió disculpas a su hija por no llegar a casa a tiempo para asistir a su recital de piano.

Al ver la desilusión de la chica, su padre le dijo: "Ahora comprendo cuánto significaba esto para ti, y me siento realmente mal por haberme perdido esta oportunidad de estar contigo y verte actuar. Sé que eres una gran pianista, y soy el perdedor por no haberte escuchado. Espero que me perdones y me des otra oportunidad. Te amo a ti, a tu hermana, y a tu madre más que a nadie". Guillermo la abrazó y "ella lloró. Sentí que estaba tratando de perdonarme —le dijo al colega—. Me sentí muy mal. Traté de comunicar eso. Para mí, no estás disculpándote si no te sientes mal por lo que has hecho".

La respuesta de este padre a su colega revela que su principal lenguaje de la disculpa es expresar arrepentimiento.

UNA DISCULPA "10"

Sin embargo, ¿y si te has disculpado y sientes que la otra persona aún no te ha perdonado completamente? Aquí hay un enfoque

que puede ayudarte a profundizar el nivel del perdón. Un día o dos después que hayas ofrecido una disculpa, dile a la otra persona: "En una escala de 0-10, ¿cuán sincera crees que fue mi disculpa de la otra noche?". Si contesta algo menos que 10, entonces respondes: "¿Qué puedo hacer para elevarlo a 10?". La respuesta te brindará la información práctica que necesitas para continuar el proceso de la disculpa hasta que hayas hecho todo lo posible por allanar la senda hacia el perdón.

Un esposo hizo esta pregunta a su esposa.

—Como siete —respondió ella.

—¿Qué podría hacer para elevarlo a diez? —volvió a preguntar él.

—Principalmente quiero que seas sincero. Pero algo que no dijiste es que te equivocaste. Todavía me pregunto si estás excusando tu comportamiento debido al modo en que te traté. Sé que no he sido perfecta, pero creo que nada de lo que he hecho te da una excusa para hacer lo que hiciste. No estoy segura de que realmente lamentaras lo ocurrido.

—Puedo ver por qué te sientes de ese modo. Te aseguro que sé que lo que hice estuvo mal. No hay excusa para mi comportamiento. Asumo la responsabilidad total por lo que hice. En ninguna forma fue culpa tuya. Lamento haberte hecho pasar por esto y espero que, con el tiempo, puedas perdonarme.

Es muy probable que eso fuera lo que la esposa necesitaba oír.

Hablemos

¿Cuál de los cinco lenguajes de la disculpa es el más importante para ti? Piensa en tu amistad más cercana. ¿Qué lenguaje de la disculpa crees que es más importante para él o ella?

Revisa las preguntas para descubrir tu principal lenguaje del amor. ¿Cuál te parece más útil?

¿Qué es lo que más deseas en una disculpa?

Capítulo 8

¿Y si no quieres pedir perdón?

La columnista Lisa-Marie Williams, sorprendida como todos nosotros por el tiroteo en Newtown, Connecticut, se puso a reflexionar en el dolor de vivir y la tristeza que puede venir con las relaciones cercanas.

Ella escribe:

> Cuando creces, te das cuenta de que a veces no es suficiente decir "lo siento" para arreglar algo que resultó mal. Aprendes que en ocasiones debes decir "lo siento", aunque no hayas tenido la culpa por lo sucedido.

Williams sigue describiendo una pelea desagradable que ella y su mejor amiga de toda la vida tuvieron. "Intercambiamos palabras duras y, al final, me disculpé profusamente, no porque creyera que había hecho mal sino porque creí que debía hacerlo para empezar a reparar la amistad".

Su amiga no se disculpó. Afirmó que no sentía la necesidad

de hacerlo. Pero Williams (quien finalmente se reconcilió con la amiga) manifestó: "Eso dolió. Mucho".[1]

La amiga se parece al hombre de Bakersfield, California, quien aseguró: "Sé que hice mal, pero ella también actuó mal. Es más, sus acciones precipitaron todo el problema. ¿Por qué debo disculparme cuando ella fue quien comenzó todo?". El problema con el juego de la espera es que el promedio de vida es de setenta y seis años para los hombres, y ochenta y uno para las mujeres. ¿Cuánto de tu vida adulta quieres pasar en una relación de "guerra fría" mientras cada uno de ustedes espera la disculpa del otro? He conocido parejas que han pasado treinta años viviendo en la misma casa, pero que se distanciaron porque cada uno esperaba que el otro tomara la iniciativa hacia una disculpa.

Un marido me contó que había pasado más de veinte años sin que su esposa o él se disculparan con el otro. "Ni siquiera recuerdo cuál fue el problema original —comentó él—. Solo sé que ella insistió en que yo pidiera perdón, y que yo no creí que le debiera una disculpa. Creí que era ella quien debía disculparse. Entonces discutimos acerca de quién debería disculparse, y finalmente ambos nos quedamos en silencio".

Lo lamentable es que estos ejemplos no son poco comunes. Conozco a dos hermanos que no se han hablado en dieciocho años porque uno de ellos sintió que el otro se aprovechó de él en un trato de compra venta de un auto, y el otro hermano dijo: "Te dije la verdad respecto al auto". Eso sucedió hace dieciocho años, y no han intercambiado una palabra entre ellos desde entonces, aunque viven en la misma ciudad. Qué trágico es cuando la gente toma una decisión consciente de no disculparse.

---

1. Lisa-Marie Williams, "Apathy Sucks: 'Tis the Season for Making Amends", *RYOT News*, 17 de diciembre de 2012. http://www.ryot.org/apathy -sucks-tis-the-season-formaking-amends/36774.

¿POR QUÉ LA GENTE NO SE DISCULPA?

"No vale la pena el esfuerzo"

¿Por qué las personas eligen no disculparse? A veces *no valoran la relación.* Quizás han tenido problemas en el pasado y mucho resentimiento yace debajo de la superficie. Una mujer declaró respecto a su hermana: "Renuncié a nuestra relación. Parecía que sin importar lo que yo hiciera, nunca era suficiente, y que yo siempre estaba equivocada. Mi hermana me hirió en numerosas ocasiones, y finalmente decidí que no valía la pena el esfuerzo. Instalé el identificador de llamadas en mi teléfono para ver quién me llamaba.

> "Cuando voy a ver a mi madre, si el auto de mi hermana está allí, sigo adelante. Simplemente no quiero relacionarme con ella".

Cuando la llamada era de mi hermana, no contestaba el teléfono. Lo único que ella hacía era condenarme. Era mejor no hablarle. Cuando voy a ver a mi madre, si el auto de mi hermana está allí, sigo adelante. Simplemente no quiero relacionarme con ella".

Por una serie de razones, quizás válidas, esta mujer ha tomado la decisión consciente de desvalorizar la relación con su hermana. Por tanto, no está motivada a disculparse por su propio comportamiento destructivo.

"Fue culpa suya"

Una segunda razón por la que las personas deciden no disculparse es que *se sienten justificadas en su comportamiento; la otra persona tiene la culpa.* Un atleta profesional que participó en una pelea a puñetazos en un bar de la localidad declaró: "No voy a disculparme. Él no debió haber hecho esos comentarios". La filosofía de este atleta parece ser: "Me haces mal y pagarás por eso. No me pidas que me disculpe. Merecías lo que recibiste, y nunca lo vuelvas a hacer o será peor". Obviamente, su énfasis no estaba en construir relaciones sino en exigir venganza. Tal actitud no elimina barreras... las crea.

Este es el infame enfoque de vida "ojo por ojo", y mucha gente lo practica. Está en contraste directo con el consejo de la Biblia, que expresa: "No paguéis a nadie mal por mal.... Si es posible, en cuanto dependa de vosotros, estad en paz con todos los hombres. No os venguéis... porque escrito está: Mía es la venganza, yo pagaré, dice el Señor".[2]

La persona que se niega a reconocer la necesidad de una disculpa tendrá una vida llena de relaciones destrozadas.

La persona que justifica su mal comportamiento se engaña a sí misma. El hombre o la mujer que cree que nunca hace algo que exija una disculpa vive en un mundo de sueños. La realidad es que todos hacemos a veces declaraciones duras, críticas y carentes de amor, y en ocasiones nos comportamos en maneras hirientes y destructivas. La persona que se niega a reconocer la necesidad de una disculpa tendrá una vida llena de relaciones destrozadas.

Encontramos esta actitud una y otra vez en nuestra investigación. He aquí algunos ejemplos de lo que escuchamos. Berta, de Birmingham, declaró: "Durante una relación de diez años he aprendido a no esperar disculpas. He tratado de forzarlas o presionarlas de parte de él, pero nunca son auténticas y no se arrepiente. Asegura que nunca hace nada por lo que deba disculparse. Por tanto, he llegado a aceptar el hecho de que nunca recibiré una disculpa. Simplemente espero que la situación no empeore".

Marta, de Bangor, Maine, explicó: "Mi esposo es una persona de pocas palabras. No recuerdo haber escuchado que se disculpe alguna vez. Su familia nunca trató con los problemas. En su familia y en la nuestra hay muchas emociones heridas. Las cosas que se

---

2. Romanos 12:17-19.

han escondido crean resentimiento. Como familia solo coexistimos, porque eso 'parece' correcto. Me siento como una hipócrita". Por si lo preguntas, esto no es solo "cosa de hombres". Las mujeres también pueden negarse a decir "lo siento". Por ejemplo, Juan, que vive en Clovis, Nuevo México, declaró: "Aunque sé que mi esposa me ha hecho cosas malas, siempre tiene una forma de hacerme sentir culpable. Cuando creo que está a punto de disculparse, lo siguiente que sé es que no se disculpa por nada, sino que más bien me culpa por su comportamiento. Así que termino disculpándome por ella. Esta no es una disculpa muy satisfactoria".

Y Marcos de Indianápolis expresó: "Mi esposa nunca se disculpa, excepto cuando hace algo realmente malo, e incluso entonces no siento que esté afligida de veras".

> Con frecuencia, las conciencias de las personas se han entrenado para echar la culpa a alguien más.

Con frecuencia, las conciencias de las personas se han entrenado para echar la culpa a alguien más. De hecho, tienen una *conciencia insensible*, incapaces de ver que el mal recae sobre sí mismas.

La adicción secreta de David

A menudo, una conciencia insensible está *acompañada de baja autoestima*. A alguien en edad de crecimiento se le puede haber enseñado que disculparse es señal de debilidad. Los padres que modelan esta filosofía suelen tener baja autoestima ellos mismos. Frecuentemente, culpan a los hijos por todos los problemas que se presentan en la familia. En consecuencia, los niños desarrollan un sentido de baja autoestima que llevan a la siguiente generación. Debido a que luchan desesperadamente por ser personas valiosas, y a que ven la disculpa como señal de debilidad, también culpan a otros por todos los problemas de relación que surgen.

Las personas que sufren baja autoestima echan la culpa a

otros, y una fuerte aversión a disculparse casi siempre requiere consejo para tratar con estos patrones profundamente arraigados de pensamiento, comportamiento y emociones.

Lo que estas personas no saben es que disculparse *mejora* la autoestima personal. La gente respeta al hombre y la mujer que están dispuestos a asumir la responsabilidad por sus propias faltas. Recibir el respeto y la admiración de otros mejora, por tanto, la autoestima. Por otra parte, quienes tratan de esconder o excusar un comportamiento incorrecto siempre pierden el respeto y la admiración de los demás, agravando aún más el problema de baja autoestima. Sin embargo, quienes están atrapados en este ciclo negativo encuentran dificultad para entender esta realidad.

David y su esposa Janet habían sufrido varias pérdidas importantes en sus vidas. Cuando llegaron a su primera sesión de consejería con Jennifer, David mencionó que solía ser adicto a la pornografía pero que estaba recuperándose de su hábito destructivo. Janet, por supuesto, se sentía muy herida, no solo por las pérdidas recientes sino también por el largo historial de adicción secreta de su esposo.

—¿Se ha disculpado David en forma adecuada por los resultados de su adicción a la pornografía? —pregunté.

Silencio es lo que siguió.

—Bueno —explicó entonces David—, he dicho que lamento mucho mi adicción, pero no entré en detalles porque creí que la conversación acabaría mal.

David era como un ratón atrapado en una trampa; no quería atascarse más hablando de sus malas acciones.

Quise ayudar a David a ver que, irónicamente, pasar por alto el dolor que le había causado a Janet solo iba a prolongar el sufrimiento de todos. Expliqué a David y Janet el concepto de "equilibrar la balanza".

—Cuando Janet se enteró de tu adicción a la pornografía, fue como si la balanza que mantiene en equilibrio el matrimonio se desajustara. El lado de la balanza de ella descendió al suelo. Se sintió triste, desconsolada, sola, enojada y temerosa de volver a confiar en ti. Tu disculpa general no pudo restablecer el equilibrio en el matrimonio. Janet sigue sintiéndose muy herida y asustada. Si la dejas en la parte baja de la balanza, es probable que criticándote descargue las pesas que la mantienen abajo. Entonces concluí mi analogía.

—Janet necesita ayuda para quitar las pesas de su lado de la balanza. Podrías hacerle un gran servicio a ella y a tu matrimonio si tuvieras la conversación detallada que temes que podría salir mal. A menudo, las personas que ofrecen disculpas detalladas encuentran simplemente lo opuesto: cuando descargan las pesas de las heridas y validan a sus cónyuges, a cambio reciben gratitud. Janet podría dejar salir la ira que ha estado descargando sobre ti. Podría descubrir que tu sincera disculpa es maravillosamente encantadora y útil.

David escuchó con atención. Estuvo de acuerdo en intentar una disculpa detallada en casa y en informar a la semana siguiente.

Cuando regresaron, lo hicieron con pasos apresurados.

—Intenté lo que me sugeriste —empezó a decir David—, y no resultó tan mal. Le expliqué a Janet lo equivocado que estaba al haber mantenido un montón de pornografía en casa todos esos años. Le dije que lamentaba que nuestros hijos hubieran encontrado mis revistas y que esto pudo haberlos dañado emocionalmente. Entré en otros detalles: mi tristeza por haber hecho sentir a Janet como una mujer inadecuada, y por traicionarle la confianza al mentirle sobre mis actividades.

David estaba tan contento con su jugada audaz y con la libertad que esta le produjo, que le dijo a un amigo que hiciera lo mismo.

"Durante mucho tiempo creí la mentira de 'si hablamos más de este problema, la situación empeorará'".

—Le expliqué a un amigo lo de las balanzas desequilibradas. Él también debía disculparse ante su esposa, ¡y ahora dice que lo hará!

Finalmente me volví hacia Janet.

—¿Cómo te sentiste al escuchar estas palabras de David? —le pregunté.

—Fue un paso enorme para David —respondió—. Yo había renunciado a escuchar alguna vez que él asumiera responsabilidad por sus acciones. Ahora tengo más esperanza en el futuro de nuestro matrimonio.

—Durante mucho tiempo creí la mentira de "si hablamos más de este problema, la situación empeorará" —añadió David—. Hice caso omiso a mi conciencia y, tristemente, envié el mensaje a mi esposa de que sus sentimientos no me importaban.

Solo cuatro meses después de disculparse ante su esposa, a David le diagnosticaron cáncer en etapa 4. Ahora se maravilla: "¿Y si no me hubiera disculpado con mi esposa y no hubiera tratado con este problema mientras me sentía saludable? ¡Por favor, di a tus lectores que hay una verdadera urgencia en disculparse mientras aún se tenga la oportunidad de hacerlo!".

"¿Y si no puedo aprender un nuevo lenguaje?"

Una segunda pregunta que escuchamos a menudo es: "¿Y si no me resulta natural el lenguaje de la disculpa de la otra persona?".

Es cierto que algunas personas tendrán más dificultad que otras para hablar un lenguaje particular de la disculpa. Todo tiene que ver con nuestra historia y con lo que hemos aprendido tanto de niños como de adultos. La buena noticia es que todos estos lenguajes de la disculpa pueden aprenderse. Por tanto, queremos presentarte algunas personas que aprendieron a hablar un lenguaje de la disculpa que no les resultaba natural. La mayoría de ellas admitieron que al principio fue muy incómodo, pero estas personas demuestran la capacidad humana de aprender nuevos lenguajes para disculparse.

"Lamento realmente haberte decepcionado"

Pensando en casarse, Jaime asistió con su novia Serena a uno de nuestros seminarios. Después de haber completado los cuestionarios de la disculpa, Serena le dijo que lo que más deseaba escuchar en una disculpa es "lo siento". Más tarde, Jaime me dijo que no sabía si alguna vez llegaría a pronunciar "esas palabras".

—Supongo que siempre pensé que los verdaderos hombres no se disculpan —confesó él.

—Permíteme hacerte una pregunta —declaré—. ¿Has hecho alguna vez en tu vida algo de lo que te arrepentiste realmente? Y después de hacerlo, ¿te dijiste: "Ojalá no hubiera hecho eso"?

—Sí —reconoció, asintiendo con la cabeza—. Me emborraché la noche antes del funeral de mi madre. Por eso, a la mañana siguiente, tuve una gran resaca. No recuerdo mucho acerca del funeral.

—¿Cómo te sentiste al respecto? —pregunté.

—Realmente mal —contestó Jaime—. Sentí de veras que deshonraba a mi madre. Su muerte me golpeó muy duro. Siempre habíamos sido cercanos y hablábamos de muchas cosas. Supongo que yo intentaba ahogar mi tristeza, pero bebía demasiado. Sé que eso la habría entristecido. Mamá siempre me habló de mi excesiva bebida. Yo esperaba que la gente en el cielo no supiera lo que estaba sucediendo aquí en la tierra, porque no quería herir a mi madre.

—Supón por un momento que la gente en el cielo sí sabe lo que sucede en la tierra, que tu madre se desilusionó de veras de tu comportamiento y de lo que hacías. Y supongamos que tuvieras la oportunidad de hablar con ella. ¿Qué dirías?

Los ojos de Jaime se llenaron de lágrimas.

—Le diría que lamento mucho haberla decepcionado

—expresó—. No debí haber ido al bar. Le diría que la amo de veras y que espero que me perdone.

—¿Sabes lo que acabas de hacer? —pregunté, poniéndole el brazo en el hombro.

—Sí. Acabo de disculparme con mi madre. Me siento bien. ¿Crees que me habrá oído? —preguntó.

—Creo que sí —respondí—. Además, creo que te ha perdonado.

Jaime no pudo hablar por un momento.

—Oh, amigo. Yo no quería llorar —comentó, secándose las lágrimas de las mejillas.

—Eso es otro problema, te enseñaron que los verdaderos hombres no lloran, ¿verdad?

—Sí.

—Has recibido información errada a través de los años, Jaime —dije—. La realidad es que los verdaderos hombres sí lloran. Son los falsos los que no lloran. Los verdaderos hombres sí se disculpan. Incluso dicen "lo siento" cuando se dan cuenta de que han herido a alguien que aman. Tú eres un verdadero hombre, Jaime. Lo demostraste hoy. Nunca lo olvides. Si tú y Serena se casan, no serás un esposo perfecto y ella no será una esposa perfecta. No es necesario ser perfectos para tener un buen matrimonio. Pero sí es necesario disculparse cuando hagan algo que lastime al otro. Y si decir "lo siento" es el principal lenguaje de la disculpa de Serena, entonces deberás aprender a expresarlo.

—¡Entiendo! —exclamó sonriendo—. Estoy feliz de haber venido aquí.

—Yo también —afirmé mientras él se alejaba.

Difícil de decir, difícil de admitir

Marcela tenía problemas para admitir que estaba equivocada, que es exactamente lo que su marido necesita escuchar como disculpa.

"No sé por qué —me comunicó ella—. Quizás se deba a que ni siquiera recuerdo haber escuchado a mis padres decir eso, y no me enseñaron a disculparme. Fueron fuertes en 'Da lo mejor de ti. Sobresal. Alcanza tu potencial'. Pero nunca dijeron mucho respecto a disculparse".

Como un mes después de completar el cuestionario, Marcela dejó este mensaje en mi sitio web: "Últimamente ha estado en mi corazón aprender a expresar el lenguaje de mi esposo, así que lo he intentado. Realmente he dicho en voz alta: 'Estuve equivocada. No debí haber hecho eso'. Pero sigue siendo difícil decirlo... y admitirlo. Cada sílaba me parecía pegamento en la boca, pero me sentía bien después de expresarlo, como quitarme un peso de los hombros".

Marcela está demostrando que aprender a expresar el lenguaje de la disculpa de la otra persona no siempre es fácil. Ella ha identificado algunas de las razones de por qué esto le resulta difícil a la gente: no fue algo modelado por los padres; no se lo enseñaron; en realidad, disculparse no fue parte de la experiencia de esta mujer. Sin embargo, como adulta estaba totalmente dispuesta a admitir que sus palabras y su comportamiento no siempre transmiten bondad y amabilidad. En lugar de excusar tal comportamiento, ella eligió aprender a expresar el lenguaje de la disculpa de su esposo. Y eso está comenzando a cambiar las cosas en la calidad de la relación con su marido.

Para aquellos que les resulta difícil pronunciar las palabras "me equivoqué; no debí haber hecho eso", sugiero la siguiente práctica. Escribe las siguientes palabras en una tarjeta: "No soy perfecto. A veces cometo equivocaciones. En ocasiones digo y hago cosas que son dolorosas para otros. Sé que el principal lenguaje de la disculpa de la otra persona es escuchar que asumo la responsabilidad por mi comportamiento diciendo: 'Me equivoqué. No debí haber hecho eso'. Por tanto, aprenderé a pronunciar esto".

Lee estas palabras en voz alta. Luego repite varias veces en voz alta y frente al espejo: "Me equivoqué. No debí haber hecho eso".

Parte de aprender a asumir la responsabilidad por el propio comportamiento es comprender que nadie es perfecto. Romper la "barrera del sonido" y expresar algo con lo que no te sientes cómodo es el primer paso para aprender a hablar el lenguaje de asumir la responsabilidad.

Parte de aprender a asumir la responsabilidad por el propio comportamiento es comprender que nadie es perfecto. Soy imperfecto y a veces hago y digo cosas que hieren a otros. Estoy progresando cuando elijo admitir para mí mismo que soy humano y que estoy dispuesto a asumir la responsabilidad por los errores que cometo y me disculpo usando el lenguaje de la otra persona.

"Yo podría fallar"

Expresar verbalmente la intención de arrepentirse ("Me esforzaré para que esto no vuelva a suceder") es difícil para algunas personas. Óscar fue muy sincero conmigo cuando me dijo: "No quiero prometer que cambiaré, porque podría fallar. Realmente tengo la intención de cambiar, o en primera instancia no me disculparía. Pero cuando digo que voy tratar de cambiar, temo estar preparándome para fracasar y dañar aún más la relación. ¿Por qué no puedo simplemente demostrar el cambio en lugar de hablar al respecto?".

Óscar expresa el sentimiento de muchos. No obstante, el problema de no formular verbalmente tu intención es que la otra persona no puede leerte la mente. Sabes que estás tratando de cambiar, pero él o ella no lo saben. En una manera muy real expresamos verbalmente la intención de arrepentirnos por la misma razón que expresamos verbalmente los demás lenguajes de la disculpa. Queremos que la otra persona sepa que reconocemos que la hemos ofendido, que valoramos nuestra relación, y que nos gustaría que nos perdonara.

Alejandra de Mobile, Alabama, lo expresó de este modo: "Mi esposo no ve mucho mérito en decir realmente las palabras 'lo siento', '¿me perdonas?', o 'intentaré no volver a hacer eso'. Pero cuando no expresa las palabras, solo puedo suponer que no lamenta lo sucedido, que no se da cuenta de que ha actuado mal, y que no tiene la intención de cambiar. Aunque lo lamente y esté tratando realmente de cambiar, no lo sé. Sin las palabras, ¿cómo sé que se ha disculpado de veras? ¿Cómo sé que en realidad está intentando cambiar? Para mí, el arrepentimiento es mi principal lenguaje de la disculpa, y si sé que mi marido al menos intenta cambiar, estoy dispuesto a perdonarlo. Pero si no me lo dice, entonces es como si no estuviera hablando mi lenguaje de la disculpa, y me cuesta creer que es sincero".

Alejandra deja claro que expresar la intención de tratar de cambiar es el primer paso en formular el lenguaje de la disculpa del arrepentimiento.

No estoy sugiriendo que prometas que nunca volverás a cometer el hecho. Lo que estás expresando es que vas a hacer todo lo posible por no repetir este comportamiento. Este es un esfuerzo que conduce al éxito. Cambiar antiguos patrones de comportamiento puede ser difícil. Pero el primer paso es decidir que deben cambiarse y, con la ayuda de Dios, empezarás a transitar la senda hacia el cambio positivo. Si estás dispuesto a confesar el fracaso, la mayoría de personas se sentirán animadas por tus esfuerzos y estarán dispuestas a perdonarte cuando tropieces en el camino.

No permitas que el miedo al fracaso te impida dar los primeros pasos por el camino del arrepentimiento y el éxito. Si este es el principal lenguaje de la disculpa de la otra persona, nada tomará el lugar de las palabras "voy a tratar de esforzarme en cambiar este comportamiento". Entonces, desarrollar un plan y seguirlo te llevará más adelante por el camino del éxito y la sanidad de heridas pasadas.

¿PUEDES DISCULPARTE DEMASIADO?

Hemos encontrado que hay algunas personas que se disculpan casi a diario. Cada vez que había habido alguna sensación de tensión entre ellas y alguien más, de inmediato se disculpaban.

"Me hago daño"

La gente que tiende a disculparse excesivamente lo hace por distintas razones. Algunos individuos se disculpan mucho porque a menudo son culpables de palabras o acciones que causan dolor a otros. Jeremías me dijo: "Tengo más experiencia que mi esposa en disculparme porque constantemente me hago daño. Soy muy hablador. Y a veces eso me mete en problemas. Digo cosas sin pensar y después me doy cuenta de que he hecho daño a mi esposa o a alguien en el lugar de trabajo. Así que me disculpo mucho".

Emma asegura que su esposo Andrés se disculpa regularmente por una razón similar.

—Todos los días hace algo por lo cual disculparse —comentó la mujer.

Al principio creí que ella podría estar bromeando, pero no vi una sonrisa en su rostro.

—Hablas en serio, ¿verdad? —dije entonces.

—Sí —asintió—. Nunca conocí un hombre que fuera tan insensible. Pero él es rápido en disculparse. Solo quiero que pueda aprender a dejar de hacer cosas por las que deba disculparse.

Para personas como Jeremías y Andrés el problema no reside en falta de voluntad para disculparse, sino más bien en una deficiencia en las habilidades de relación; han aprendido a lidiar con esta deficiencia disculpándose de modo frecuente y libre. Para esos individuos, una respuesta más satisfactoria y a largo plazo sería asistir a clases sobre cómo edificar mejores habilidades de relación, ir a consejería, y leer libros sobre los fundamentos para relacionarse positivamente con otras personas.

"SUPONGO QUE ES MI CULPA"

Otros que tienden a disculparse demasiado sufren de baja autoestima. Lucía, una soltera de treinta y cinco años de edad, declaró: "Por lo general siento que todo es culpa mía: en el trabajo, en casa, y en todas mis relaciones. Creo que nunca me sentí muy bien conmigo misma. Por eso, cuando las cosas van mal en las relaciones, simplemente supongo que es mi culpa. Así que me disculpo. A menudo las personas me dicen: 'No tienes que disculparte por eso. No hiciste nada malo'. Pero siempre siento que hago mal las cosas".

Patricia vive en Phoenix. Ella y su esposo se jubilaron temprano y se mudaron de Michigan a un clima más cálido. Patricia dijo respecto a su marido. "Daniel se disculpa constantemente diciendo 'lo siento', pero con la actitud de 'sé que no valgo nada y que no puedo hacer nada bien'. Obviamente, él no es un inútil. Es un gran hombre de negocios; de lo contrario, no habríamos podido jubilarnos tan pronto. Además, no hace muchas cosas que requieran una disculpa. Creo que tal vez solo sea baja autoestima de su parte. Pero esto resta puntos a la disculpa".

No tuve una oportunidad de hablar con el esposo, Daniel, pero me dio la sensación de que él, o estaba padeciendo de baja autoestima derivada de su experiencia infantil, o sus disculpas excesivas eran su manera de reaccionar a una esposa demasiado crítica que le había encontrado fallas a lo largo de los años, y el modo de enfrentarla era simplemente aceptar la condena. En cualquier caso, Daniel sufría de un problema de autoestima. Lo más probable es que la senda hacia una relación mejor se lograría a través de la oficina de un consejero, donde él pudiera tratar con sus autopercepciones y llegar a un entendimiento nuevo y positivo de quién es. El hombre se encontraba encerrado en un patrón de baja autoestima que no debía mantener durante el resto de su vida.

"Quiero acabar de una vez con esto"

Muchas personas son reacias al conflicto y quieren resolver rápidamente un asunto para que las cosas puedan "volver a la normalidad". Simplemente para resolver el problema, incluso sin sentir que tienen la culpa, están dispuestas a aceptar la responsabilidad y disculparse. No les gusta la incomodidad emocional que viene de largas discusiones acerca del tema. Más bien prefieren pedir disculpas, asumir la responsabilidad, y esperar que puedan seguir adelante. He aquí algunos ejemplos de nuestra investigación sobre personas que caen en esta categoría.

"Si quiero dormir, tengo que ponerle fin al sufrimiento —afirma Gloria, casada con Francisco durante veinte años—. Pareciera que me disculpo [ante Francisco] incluso cuando no me he equivocado, solo para poder terminar la pelea y despertar con la conciencia limpia".

Camilo es de la ciudad de Nueva York y asistía a un evento de enriquecimiento matrimonial que yo dirigía. Él declaró: "Durante mi crecimiento, mis padres no fueron beligerantes. No estoy acostumbrado a ver disputas. Por lo que, cuando me enojo o me desilusiono, siento que debo disculparme y arreglar las cosas. Crecí siendo católico, y me gustaba el sacramento de la confesión. Me sentía bien confesando en voz alta y siendo perdonado".

"Me sentía bien confesando en voz alta y siendo perdonado".

Jonatán tiene treinta, ha estado casado por dos años y disfruta realmente de su trabajo. "No siempre tengo que ganar, y no me gusta la confrontación. Me disculpo, aunque el conflicto no sea culpa mía porque quiero seguir adelante. No deseo perder el tiempo discutiendo. Supongo que soy un amante, no un luchador".

Es curioso que varias personas me dijeran que el "mejor pidiendo disculpas" era quien más las pedía, aunque no fuera el culpable. Cuando le pregunté a Susana: "¿Quién es el mejor pidiendo disculpas, tú o tu esposo?", ella contestó: "Mi marido es quien mejor se disculpa en nuestro matrimonio. Es más, yo diría que se disculpa el 90% del tiempo, aunque no sea culpa suya. Quiere la paz entre nosotros, así que, por lo general, es quien da el primer paso".

Una "paz" que conduce al resentimiento

Estos, y miles más como ellos, desean la paz a cualquier precio. Prefieren admitir que están equivocados si de esta manera cesan los argumentos y conflictos. La tranquilidad emocional es más importante que tener la razón. Esto podría parecer algo admirable, pero a menudo hierve a fuego lento como resentimiento interior.

Carlota y Mateo han estado casados durante quince años y viven en las afueras de Williamsburg, Virginia. Ella manifestó: "Soy la que parece disculparse más en nuestro matrimonio. Mateo no es bueno expresando verbalmente sus sentimientos. Y, a fin de superar cualquier cosa que salga mal y cause resentimientos, por lo general termino disculpándome solo para poder hablarnos nuevamente. A menudo termino guardando rencores porque tengo que disculparme, aunque no haya sido quien ocasionara el problema".

Tales resentimientos internalizados crean a menudo distancia emocional entre dos individuos. En la superficie las cosas parecen estar relativamente en calma, pero por debajo se gesta una explosión emocional.

Si un individuo siente que ese resentimiento emocional aumenta, es hora de hablar con un consejero, pastor o amigo de confianza. No procesar el resentimiento puede hacer que la relación se destruya. Paz a cualquier precio no es la senda hacia relaciones auténticas.

Hablemos

¿Hubo algún momento en que decidiste esperar para disculparte en lugar de hacerlo al instante? ¿Cómo afectó esto la relación?

El hombre, al principio de este capítulo, declaró: "¿Por qué debo disculparme cuando ella fue quien comenzó todo?". ¿Qué le dirías?

Muchas personas forman con el tiempo una "conciencia insensible", y ya no consideran malo aquello que hacen. ¿Cómo has experimentado esto en tu propia vida? ¿En las vidas de quienes están cerca de ti?

Capítulo 9

Aprendamos a perdonar

En este capítulo pasamos de *ofrecer* una disculpa a *aceptarla*. Como hemos visto, perdonar a alguien por un comportamiento incorrecto puede ser difícil, especialmente si consideramos que la ofensa ha sido importante. Seamos claros: la necesidad de perdón siempre empieza con una ofensa. El International Forgiveness Institute [Instituto Internacional del Perdón], fundado por el profesor Robert Enright, pionero en investigación del "perdón", define al perdón como un asunto moral: Perdonar "es una respuesta a una injusticia (una falta moral)", y "es un cambio hacia lo 'bueno' frente a la mala acción".[1] El perdón no tiene sentido si no se ha cometido ninguna ofensa.

Todas las disculpas sinceras tienen los mismos objetivos: que el ofensor sea perdonado y que la relación se reconcilie. Cuando ocurre perdón y reconciliación, la relación puede seguir creciendo.

---

1. Robert Enright, http://www.forgiveness-Institute.org/html/about _forgivenss.htm.

COMO UNA BOMBA CAYENDO EN PICADA

Incluso una ofensa menor puede ser como una bomba que cae en un pícnic. Destruye la tranquilidad de la relación. Si eres el ofendido, sabes cómo se siente: hay dolor, ira, desilusión, incredulidad, sentimientos de traición y rechazo. Si el ofensor es un compañero de trabajo o de cuarto, un padre, o el cónyuge, la pregunta es: *¿Cómo podría amarme y decir o hacer eso?* Tu tanque de amor acaba de sufrir una ruptura.

Hay más consecuencias: tu sentido de justicia ha sido vulnerado. Es como si pequeños soldados morales se levantaran dentro de ti y dijeran: "Eso no es correcto. Pelearemos por ti". Todo en ti quiere decir a esos soldaditos: "¡Ataquen!". Pero no estás seguro de que esa sea la acción que deba tomarse. Valoras esta relación. Piensas: *Quizás no es lo que pareció, o tal vez no entendí la historia completa.*

La razón prevalece a medida que tratas de obtener información. Quizás descubras que te equivocaste. Interpretaste la situación de modo incorrecto. Por tanto, tu ira disminuye y sigues desarrollando la relación. Por otro lado, la investigación puede confirmar tus peores temores. El hecho es real, y peor de lo que creías. La persona te agravió. Te hizo daño; te humilló. Sus palabras fueron desagradables, poco afables e irrespetuosas. Ahora el agravio se asienta como una barrera emocional entre ustedes dos.

Con frecuencia, la situación se agrava por nuestra respuesta. Ella te gritó, así que le gritas. Te empujó, entonces la empujas. Te dijo algo irrespetuoso, por lo que le correspondes. Ahora ambos son culpables de un agravio. A menos que cada uno decida disculparse y cada uno decida perdonar, la barrera emocional no se eliminará por completo.

Puesto que todos somos imperfectos, a veces fallamos en tratarnos con amor, dignidad y respeto; por ello, las disculpas y el perdón son elementos esenciales para las relaciones saludables.

No es importante quién se disculpa primero. Que cada uno se disculpe es de *suma* importancia. Una disculpa busca perdón. Así que echemos un vistazo al arte de perdonar.

¿Qué es el perdón?

En primer lugar, clarifiquemos el significado de la palabra *perdón*. Tres palabras hebreas y cuatro griegas se traducen como *perdón* en las Escrituras. Son sinónimos básicos con matices de significado ligeramente diferentes. Las ideas clave son "cubrir, llevar, absolver y ser misericordioso con". La más común de estas ideas es la de llevar nuestros pecados (fallas). Por ejemplo, el salmista declara: "Cuanto está lejos el oriente del occidente, hizo alejar de nosotros nuestras rebeliones".[2] Este salmista está hablando del perdón de Dios; por tanto, el perdón divino libera a la persona del juicio de Dios, del castigo que merece quien transgrede la ley de Dios. De nuevo, las Escrituras expresan: "No ha hecho con nosotros conforme a nuestras iniquidades, ni nos ha pagado conforme a nuestros pecados".[3] El profeta Isaías habló de que Dios "borra" nuestros pecados y ya no los recuerda más.[4] Claramente, el perdón de Dios significa que nuestros pecados ya no representan una barrera entre Él y nosotros. El perdón elimina la distancia y nos permite empezar una relación con Dios.

Lo mismo es cierto en el perdón humano. Perdonar significa que decidimos levantar el castigo, absolver al ofensor. Significa hacer a un lado el agravio y recibir otra vez al ofensor en nuestra vida. El perdón no es un sentimiento sino una decisión. Es la decisión de seguir creciendo en la relación al eliminar la barrera.

Si eres la parte ofendida, el perdón significa que no busca-

2. Salmos 103:12.
3. Salmos 103:10.
4. Isaías 43:25.

rás venganza, que no exigirás justicia, que no permitirás que el agravio se interponga entre las dos partes. El perdón da como resultado la reconciliación. Esto no significa que de inmediato se restaure la confianza. Hablaremos de eso más adelante. La reconciliación significa que ustedes dos han dejado atrás el problema y ahora enfrentan juntos el futuro.

EL CICLO DEL PERDÓN

Una disculpa es parte importante *del ciclo del perdón*. Se ha cometido un agravio; se ha ofrecido una disculpa; y se ha otorgado perdón.

Un modelo divino

De nuevo, este ciclo se ve claramente en la relación de Dios con las personas. El profeta Isaías entregó este mensaje al antiguo Israel: "Vuestras iniquidades han hecho división entre vosotros y vuestro Dios, y vuestros pecados han hecho ocultar de vosotros su rostro para no oír".[5] Nunca nos separamos del amor de Dios, pero nuestra desobediencia nos separa de su comunión. El Nuevo Testamento nos recuerda que "la paga del pecado es muerte".[6] La muerte es la imagen definitiva de la separación. Desde luego, esto no es lo que Dios desea para sus criaturas. Por tanto, el escritor agrega rápidamente que "la dádiva de Dios es vida eterna en Cristo Jesús Señor nuestro".[7] Dios desea comunión con sus criaturas; de eso se trata la cruz de Cristo. Dios ofrece libremente su perdón.

A fin de experimentar el perdón de Dios, las personas deben responder por *arrepentimiento* (dar la vuelta) y fe en Cristo.[8] El mensaje es claro. Si recibimos el perdón de Dios, debemos reconocer nuestro pecado y aceptar su perdón. El apóstol Juan escribe: "Si

---

5. Isaías 59:2.
6. Romanos 6:23.
7. Ibíd.
8. Véase Hechos 2.97-99.

confesamos nuestros pecados, [Dios] es fiel y justo para perdonar nuestros pecados".[9] En consecuencia, a fin de que se restaure nuestra relación con Dios, debemos reconocer nuestro pecado... es decir, pedir perdón. En el momento que hacemos esto experimentamos el cálido abrazo de nuestro Padre celestial. La distancia ha desaparecido. Volvemos a caminar en comunión con Dios.

He sacado tiempo para revisar el perdón de Dios hacia nosotros porque las Escrituras dicen que como seres humanos debemos perdonarnos igual que Dios nos perdona.[10] Ese es el modelo divino. Y es un modelo sabio y prudente para disculparse en el mundo de hoy, y tiene dos elementos esenciales: (1) confesión y arrepentimiento de parte del ofensor, y (2) perdón por parte de quien recibió la ofensa.

Estos dos elementos no están separados en las Escrituras. Por ello, en el nivel humano, la disculpa es un elemento crítico en el ciclo del perdón. Esta es la razón por la que hemos pasado la primera mitad de este libro hablando acerca de cómo disculparnos eficazmente. Sin embargo, una vez realizada la disculpa, la persona ofendida tiene entonces una alternativa: perdonar o no perdonar. Perdonar abre la puerta a la reconciliación entre las dos partes. No perdonar lleva a más deterioro de la relación.

Jesús declaró a sus seguidores: "Todas las cosas que queráis que los hombres hagan con vosotros, así también haced vosotros con ellos; porque esto es la ley y los profetas".[11] A la mayoría de nosotros nos gustaría ser perdonados cuando fallamos. Por tanto, se nos anima a extender perdón a quienes nos ofenden. El mensaje cristiano es que podemos perdonar porque hemos sido perdonados por Dios. Él nos perdona porque Cristo pagó la pena suprema por nuestros pecados. Por eso nuestra capacidad

---

9. 1 Juan 1:9.
10. Véase Efesios 4:32.
11. Mateo 7:12.

de perdonar a otros viene de Dios. Siempre es adecuado orar: "Señor, ayúdame a perdonar".

Cuando no se ofrece ninguna disculpa

¿Y si la persona que me ofendió no regresa para disculparse? Entonces debo confrontar en amor al ofensor. Este enfoque fue presentado claramente por Jesús: "Si tu hermano pecare contra ti, repréndele; y si se arrepintiere, perdónale. Y si siete veces al día pecare contra ti, y siete veces al día volviere a ti, diciendo: Me arrepiento; perdónale".[12] El modelo es claro. Se ha cometido un agravio. La persona no se disculpa de inmediato. Así que confrontas al ofensor buscando una disculpa. Si la persona se disculpa, entonces la perdonas. No hay límite para nuestro perdón mientras el ofensor regrese a disculparse.

¿Y si el ofensor se niega a disculparse, incluso al ser confrontado por su mal comportamiento? Debemos acercarnos a la persona por segunda vez, hablándole de la ofensa y dándole la oportunidad de disculparse. Nuevamente, Jesús ofrece claras instrucciones a sus seguidores: "Si tu hermano peca contra ti, ve y repréndele estando tú y él solos; si te oyere, has ganado a tu hermano. Mas si no te oyere, toma aún contigo a uno o dos".[13]

Jesús no dijo que perdonemos al ofensor cuando no esté dispuesto a disculparse.

Una vez más, el modelo es claro. Te acercas a la persona por segunda o incluso tercera vez. En cada ocasión estás dispuesto a perdonar y buscar reconciliación. En última instancia, el ofensor podría no estar dispuesto a reconocer la necesidad de perdón y no querer disculparse por el comportamiento equivocado. Aun entonces, el cristiano debe orar por esa persona, tratar de comunicarle el amor de Cristo, y esperar que se arrepienta de su maldad y experimente perdón.

12. Lucas 17:3-4.
13. Mateo 18.15-16.

Por favor, observa con atención que Jesús no dijo que perdonemos al ofensor cuando no esté dispuesto a disculparse. Observa también que Jesús estaba abordando el asunto del pecado moral: "Si tu hermano peca contra ti". Algunas de nuestras irritaciones en las relaciones son simplemente eso: irritaciones. Nuestro cónyuge no carga el lavavajillas del modo en que lo hacemos. Podríamos exigir un cambio, pero si nuestro cónyuge no cambia, no se trata de una falla moral. Muchas de nuestras irritaciones en las relaciones podemos pasarlas por alto, ser pacientes ante ellas, o aceptarlas. Pero las fallas morales siempre son una barrera que solo puede eliminarse pidiendo disculpas y perdón.

Por tanto, si una persona que ha pecado contra nosotros se niega a disculparse por una falla moral después de ser confrontada varias veces, debemos liberarla ante Dios, dejando que Él se encargue de ella en lugar de insistir en vengarnos por la acción malvada. Las Escrituras enseñan que la venganza le pertenece a Dios, no al hombre.[14] La razón para esto es que solo Dios conoce todo acerca de la otra parte, no solo sus acciones sino sus motivos; además, solo Dios es el Juez supremo.

Cómo liberar la persona ante Dios

Así pues, la persona que se siente herida y enojada hacia otra que la ha tratado en forma injusta debe liberarla ante un Padre celestial omnisciente que es totalmente capaz de hacer lo que es justo y recto con quien ha cometido la ofensa.

Jesús mismo nos da el modelo. El apóstol Pedro dijo de Jesús: "Cuando le maldecían, no respondía con maldición; cuando padecía, no amenazaba, sino encomendaba la causa al que juzga justamente".[15] O, como dice otra traducción: "Dejó los agravios

---

14. Romanos 12:19.
15. 1 Pedro 2:23.

en las manos del Juez justo".[16] Como hombre, Jesús no se vengó de quienes lo agraviaron; al contrario, confió toda situación a Dios, sabiendo que Dios juzgaría correctamente.

A menudo, cuando nos han hecho daño creemos que, si no presionamos el problema y exigimos justicia, entonces nadie lo hará. Podemos llevar ante Dios al amigo equivocado y la maldad cometida contra nosotros, sabiendo que Él tomará la mejor acción posible a nuestro favor. Dios está más preocupado por la justicia que nosotros.

Una vez que hemos liberado a la persona ante Dios, entonces es hora de confesar nuestro propio pecado. Recordemos que el dolor y el enojo no son pecado. Pero a menudo permitimos que el enojo nos lleve a un comportamiento pecaminoso. Las palabras explosivas o la conducta destructiva deben reconocerse delante de Dios y de la persona contra la que hemos pecado. No permitamos que la negativa de la otra persona a disculparse nos impida disculparnos. Él o ella podrían perdonarnos o no, pero cuando nos hemos disculpado, podemos mirarnos al espejo sabiendo que estamos dispuestos a admitir nuestros errores.

PERDONAR CUANDO QUIEN SE DISCULPA NO HABLA NUESTRO LENGUAJE

Recuerdo a la madre que dijo: "Después que te escuché hablar de los cinco lenguajes de la disculpa me fue mucho más fácil perdonar a mi hijo adulto. Él tiene treinta años y se ha disculpado muchas veces. Pero lo único que siempre dice es 'lo siento'. Para él, esa es una disculpa. Para mí, eso deja mucho que desear. Quiero oírle decir: 'Me equivoqué; ¿podrías perdonarme?', pero él siempre se detiene en 'lo siento'. En el pasado lo he perdonado

---

16. 1 Pedro 2:23, Richard Francis Weymouth, *The New Testament in Modern Speech* (Londres: Clarue and Company, 2001)

la mayor parte de las veces, pero siempre cuestioné su sinceridad. Después de tu conferencia me di cuenta de que él era sincero, que estaba expresando su lenguaje de la disculpa. Y, aunque no era el mío, creo que era sincero. Por tanto, se me hizo más fácil perdonarlo de veras".

PELIGRO DE PERDONAR DEMASIADO FÁCILMENTE

A algunos de nosotros nos entrenaron desde la infancia a perdonar rápida y libremente. Si una persona se disculpa usando alguno de los lenguajes de la disculpa, es probable que la perdonemos sin cuestionar su sinceridad. Al hacerlo, podemos terminar fomentando un comportamiento destructivo.

Lisa y su esposo Benjamín enfrentaban lo que ella denominó "muchos factores de tensión" en su primer año de matrimonio: mudarse a una nueva ciudad, vender una casa y comprar otra... dos veces. Lisa tenía problemas continuos de salud; Benjamín consiguió un nuevo trabajo, sus padres se separaron, y su papá amenazó con suicidarse; luego Lisa y Benjamín comenzaron juntos un ministerio de solteros en su iglesia. En la carta que ella me escribió (a Jennifer), describió el último revés serio: "Por último, mi esposo cometió adulterio".

Leí atentamente la carta de Lisa: "Sentí que Dios me instruía a perdonar y amar a mi marido. Lo hice. Razoné que, después de todo lo que habíamos pasado, cualquiera podía equivocarse. Lo perdoné libremente y hablé solo dos veces más de esta aventura amorosa. Pero un año después me engañó con otra mujer. Esta vez se lo hice pasar mal, y sufrió algunas consecuencias. Mi pastor me aconsejó. Ambos le mostramos amor y compasión a mi esposo, y lo perdoné después que él dijo que lo lamentaba y 'se arrepentía'".

Pasaron ocho años y, sin yo saberlo, mi marido continuó sus aventuras amorosas. Me despertó una llamada telefónica de él en que me comunicó: "'Estoy enamorado de otra mujer, y no regresaré a casa esta noche'. En ese punto cambié todas las cerraduras y lo hice ir a la oficina del abogado para firmar los papeles de la separación".

Lisa y Benjamín estuvieron separados un año. Durante ese tiempo comenzaron a reparar su matrimonio herido. Ella expresó: "Por un milagro divino, mucha consejería, y fijación de límites más saludables, estamos libres de aventuras amorosas, y celebrando catorce años de matrimonio".

Sí, ese es un final asombroso, y Lisa diría que Dios quiso salvar su matrimonio inestable. Aun así, ella se arrepiente porque el engaño de Benjamín continuara el tiempo que duró y por no haber tomado antes acciones más fuertes. "Creo que si yo hubiera sabido acerca de los cinco lenguajes de la disculpa y hubiera juzgado mejor la sinceridad, mis límites habrían sido más fuertes al principio del matrimonio. Yo habría sido menos codependiente y débil en nombre del perdón. Mi discernimiento del verdadero arrepentimiento habría mejorado, y eso pudo habernos ahorrado muchos años de dolor insoportable".

Creo que Lisa tiene razón. Hacer responsable a alguien por su comportamiento negativo es un acto de amor. Si Lisa hubiera entendido los cinco lenguajes de la disculpa, probablemente habría tenido el valor de decir después del primer agravio: "Te amo demasiado para tomar esto a la ligera. No continuaré en esta relación a menos que recibamos mucha consejería. Nuestra relación es demasiado importante para mí como para tratar este problema como una ofensa leve". En grandes fracasos morales debemos tratar con la causa del comportamiento si esperamos que haya cambio auténtico a largo plazo.

"NECESITO ALGÚN TIEMPO"

Ya indicamos que hay dos respuestas comunes a una disculpa: perdonar o no perdonar. En realidad, hay una tercera respuesta posible: "Dame algún tiempo para pensarlo. Quiero perdonarte, pero necesito tiempo para procesar todo esto".

A veces nos han herido tan profundamente o tan a menudo que no podemos movernos emocional, espiritual o físicamente al punto de extender auténtico perdón. Necesitamos tiempo para sanidad interior, tiempo para la restauración del equilibrio emocional o incluso de la salud física que nos dé la capacidad de perdonar.

Recuerdo al esposo que expresó: "Después de la primera mentira de mi esposa en cuanto a su uso de drogas, decidí perdonarla y trabajar en nuestro matrimonio porque creí que ella estaba realmente arrepentida de lo que había hecho. Estaba convencido de que ella nunca volvería a hacerlo. Pero ahora lo ha vuelto a hacer una y otra vez. Ingresó a un programa de tratamiento, pero lo abandonó tres semanas antes de que terminara. Aseguró que podía lograrlo sola. Bueno, no fue así. A la semana volvió a drogarse".

El hombre hizo una pausa para tranquilizarse.

"Esta vez me está pidiendo otra oportunidad. Afirma que se adherirá al programa. He aceptado pagar el tratamiento, pero no sé si puedo perdonarla. Estoy abrumado y dispuesto a orar al respecto, pero ahora mismo no quiero verla".

Sentí gran empatía por este marido. ¿Quién no comprendería su renuencia a perdonar? ¿Quién sería tan insensible para exigir que él perdone de inmediato? ¿Quién puede darle la seguridad de que la disculpa de ella sea sincera? ¿Y quién puede asegurarle que esto nunca volverá a ocurrir? Toda la evidencia parece señalar en la dirección opuesta.

"Amo a mi esposa, y ella dice que me ama —aseguró—. Pero ¿cómo puede ser así? ¿Cómo puedes hacer esto si amas a alguien? Es una manera extraña de mostrar amor. Espero que llegue el momento de poder perdonarla. Espero que sea sincera. Espero que se haya dado cuenta de que ha estado recorriendo el camino equivocado. Pero ahora mismo no sé cómo proceder".

Este es un esposo que en el fondo quiere perdonar a su esposa. Desea tener una relación auténticamente amorosa, pero no sabe si podrá perdonarla. El tiempo lo dirá. Él está abierto a la posibilidad, además, ora y espera. A veces este es el único enfoque realista para el perdón. Mientras tanto, este hombre debe procesar con Dios sus emociones y no permitir que su herida se convierta en amargura y odio.

CONFIANZA: UNA PLANTA MUY DELICADA

Esto nos lleva al asunto de reconstruir la confianza. El perdón y la confianza no deben equipararse. Ya que perdonar es una decisión, puede extenderse inmediatamente cuando se percibe que se ha escuchado una disculpa sincera. Sin embargo, confiar no es una *decisión*; es más bien una *emoción*. La confianza es esa esperanza instintiva de que harás lo que afirmas que vas a hacer.

Obviamente, la confianza tiene un aspecto cognitivo: "Decido creer que eres una persona de integridad" es una declaración basada en la confianza. No obstante, esta declaración se encuentra arraigada en la tierra de las emociones. La confianza es esa sensación emocional de que puedo relajarme contigo sin tener que dudar. Puedo bajar mi protección emocional porque no me lastimarás a sabiendas.

En la mayoría de relaciones se desarrolla confianza en las primeras etapas. A menos que nos hayan herido profundamente en el pasado, tendemos a suponer que las personas son lo que afirman ser. Si en los primeros meses de la relación no encontramos ningún motivo para dudar de eso, nuestra confianza inicial se afirma y profundiza.

La confianza es entonces un estado emocional normal en relaciones saludables. Los amigos confían entre sí. Los cónyuges confían uno en el otro. Los socios profesionales por lo general se tienen confianza mutua. Sin embargo, cuando la confianza se viola o traiciona, no se restaura inmediatamente después de una disculpa y de la extensión del perdón. La confianza disminuye porque la persona demostró ser poco confiable. Si soy honesto, probablemente diré: "Te perdono porque creo que eres sincero en tu disculpa. Pero, para ser sincero, no confío en ti tan profundamente como antes".

Me gusta visualizar la confianza como una planta delicada. Cuando la confianza se traiciona, es como si alguien pisara la planta y la hundiera en el barro. La lluvia y el sol pueden finalmente lograr que la planta vuelva a levantarse, pero esto no pasará de la noche a la mañana. Por tanto, ¿cómo reconstruir la confianza que se ha perdido en una relación? La respuesta es siendo confiable día a día. La disculpa sincera y el perdón verdadero abren la puerta a la posibilidad de que vuelva a florecer la confianza. ¿Cómo sucede esto? En mi experiencia de trabajar con parejas a lo largo de los años, la confianza se alienta mejor cuando el ofensor decide abrir su vida privada al escrutinio del cónyuge ofendido.

> **Me gusta visualizar la confianza como una planta delicada. Cuando la confianza se traiciona, es como si alguien pisara la planta y la hundiera en el barro.**

Por ejemplo, si la ofensa fue en el ámbito del dinero, la actitud será "Aquí está la chequera; aquí está la cuenta de ahorros; aquí están las acciones. Puedes mirarlos cuando quieras. No tengo otras cuentas. Te presentaré a las personas que manejan estas cuentas y les haré saber que tienes acceso total".

Si el agravio fue en el ámbito de la infidelidad sexual, entonces permites al cónyuge acceso total a tu teléfono celular, computadora, y cualquier otro medio de comunicación. Presentas un informe completo de todo tu tiempo. Y das permiso a tu cónyuge de hacer llamadas telefónicas para afirmar que estás donde dijiste que estarías. La confianza no la fortalece el secretismo sino la apertura. Si decides ser confiable por un tiempo, es probable que tu cónyuge vuelva a confiar en ti. Si sigues siendo indigno de confianza mintiendo, engañando, ocultando e inventando excusas, la confianza nunca renacerá. La única esperanza de que la confianza sobreviva es la lluvia y el sol de la integridad.

Puesto que la reconstrucción de confianza es un proceso que toma tiempo, a veces las personas me han dicho: "Creo que he perdonado a mi cónyuge. Pero algunos días siento que no, porque en realidad no confío en él". Su lucha viene porque la persona confunde perdón con confianza. En resumen, el perdón es una decisión para levantar el castigo y permitir que el ofensor entre otra vez a tu vida a fin de que la relación pueda seguir creciendo. Por otra parte, la confianza regresa en etapas. Cuando hay un comportamiento cambiado por un tiempo, empiezas a sentirte más cómodo y optimista con la otra persona. Si esto continúa, finalmente llegarás a confiar otra vez por completo en ella.

COMPLETAR EL CICLO

El perdón tiene el poder de revivir la relación. La decisión de no perdonar pronuncia la pena de muerte sobre la relación. Sin perdón las relaciones mueren. Con perdón las relaciones tienen el potencial de volverse vibrantes y enriquecer las vidas de las personas implicadas.

Sería difícil sobreestimar el poder del perdón. Este es el objetivo de toda disculpa sincera. Si no se otorga perdón, la disculpa se bloquea como un cable eléctrico desconectado del sistema. Una disculpa sola no puede restaurar relaciones. Una disculpa es una solicitud de perdón. Es el regalo del perdón lo que en última instancia restaura la relación. Si tú y yo somos amigos y violas nuestra amistad tratándome en forma injusta, pero rápidamente vienes a mí con una disculpa sincera, el futuro de nuestra relación no lo determina tu agravio ni tu disculpa sino mi disposición de perdonarte. El perdón completa el ciclo y lleva a la reconciliación. Sin perdón el propósito de la disculpa se frustra.

LO QUE EL PERDÓN NO PUEDE HACER

Añadamos rápidamente que el perdón no elimina todas las consecuencias de la falta. Si un hombre sufre ataques de ira y le pega a su esposa, golpeándole el mentón y fracturándole la mandíbula, puede confesar sinceramente su falta y ella puede perdonarlo de manera auténtica. No obstante, la mandíbula sigue rota y podría causarle dificultades en los años siguientes. Si, a pesar de las advertencias de sus padres, una adolescente sucumbe y prueba una droga popular a petición de un amigo, y esa droga afecta negativamente la capacidad mental de la joven, el amigo que le ofreció la droga podría disculparse sincera y profusamente. La chica podría disculparse con sus padres si tiene la capacidad mental para hacerlo. Los padres podrían perdonarla auténticamente, pero la capacidad mental de la muchacha estaría perjudicada para siempre.

Esta es una de las realidades fundamentales de la vida: cuando cometemos acciones o pronunciamos palabras que perjudican a otra persona, las consecuencias de tales acciones y palabras nunca se eliminan por completo, incluso con verdadero perdón.

La segunda realidad es que el perdón no elimina todas las emociones dolorosas. Una esposa puede muy bien perdonar a su marido por golpearla con ira. Pero, cuando piensa en lo que él hizo, ella podría volver a sentir desilusión, dolor y rechazo. El perdón no es un sentimiento; es un compromiso para aceptar a la persona a pesar de lo que ha hecho. Es una decisión de no exigir justicia sino de mostrar misericordia.

El perdón no elimina el recuerdo del hecho. Hablamos de perdonar y olvidar. Pero, en definitiva, nunca olvidamos. Todo suceso en la vida está registrado en el cerebro. Existe todo el potencial de que el hecho regrese una y otra vez a la mente. Si hemos elegido perdonar, llevamos el recuerdo a Dios junto con los sentimientos heridos, reconocemos ante Él lo que estamos pensando y sintiendo, pero le agradecemos a Dios que por su gracia la ofensa ha sido perdonada. Luego le pedimos a Dios el poder para hacer hoy algo bondadoso y amoroso por esa persona. Optamos por enfocarnos en el futuro y no permitir que nuestras mentes se obsesionen con fracasos pasados que ahora están perdonados.

Suponiendo que estás listo para expresar perdón, ¿cómo podrías verbalizarlo? A continuación hay algunas sugerencias.

DECLARACIONES DE PERDÓN

Me dolió profundamente lo que dijiste. Creo que te das cuenta de eso. Aprecio tu disculpa, porque sin ella no creo que pudiera perdonarte. Pero ya que creo que eres sincero, quiero que sepas que te perdono.

¿Qué puedo decir? Estoy conmovida por tu disculpa. Valoro mucho nuestra relación. Por tanto, decido perdonarte.

No sabía si alguna vez podría decir esto sinceramente. Me desoló mucho lo que hiciste. No habría imaginado que fueras capaz de hacer tal cosa. Pero te amo, y decido creer que tu disculpa es sincera. Por eso te ofrezco mi perdón.

Tu error laboral me ha costado tiempo y dinero. Quiero perdonarte por causarme este problema. Sí, creo que al poner en acción tu plan de corrección, puedo perdonarte.

Sé lo difícil que es para ti tragarte tu orgullo y decir: "Me equivoqué". Has crecido ante mis ojos, y te perdono.

Hablemos

¿Cuándo te resulta más difícil perdonar a alguien? ¿Por qué crees que es este el caso?

Analiza la observación del autor de que "nunca nos separamos del amor de Dios, pero nuestra desobediencia nos separa de su comunión".

¿Por qué es peligroso perdonar con demasiada facilidad?

Capítulo 10

Sanidad de relaciones familiares

Karen compartió un poderoso testimonio: *Mis padres se divorciaron cuando yo estaba en quinto grado. Durante mis visitas a papá, realmente no sentía que se preocupara por mí o que quisiera pasar tiempo conmigo. Se volvió a casar y se divorció dos veces más y dejé de verlo. Finalmente, mi hermano menor y yo le dijimos a nuestro padre que no queríamos nada con él. Luego mi hermano menor se suicidó. No hablé con papá por cinco años.*

Durante ese tiempo papá intentó contactar conmigo algunas veces, pero siempre con la actitud de tratar de explicar que él tenía razón y que yo estaba equivocada. Después de un par de años de silencio, tiempo en que comencé a asistir a la iglesia y encontré una fuerte amistad cristiana, decidí que debía perdonar a papá y darle una segunda oportunidad. Así que un día levanté el teléfono y lo llamé. Esa primera llamada fue corta, pero representó el inicio de una nueva relación para los dos.

Eso fue hace más de veinte años y desde entonces he mantenido una relación saludable con mi padre. Ahora él sufre de Alzheimer, por lo que nuestra relación ha vuelto a cambiar, ¡pero estoy agradecida de haber pasado muchos años buenos con él!

El mundo está lleno de relaciones rotas entre padres y sanidad de sus hijos. Algunos, como Karen, pueden hallar una medida de sanidad y restauración. Otros no son tan afortunados.

Hace unos años, cuando mi hijo Derek estaba en la universidad, vivía y trabajaba en una iglesia local en el distrito Haight-Ashbury de San Francisco. Su ministerio se centraba en relacionarse con jóvenes adultos que habían emigrado a esa ciudad con la esperanza de una vida mejor, pero terminaron viviendo en la calle.

—Papá, casi todos los individuos que he conocido en las calles están distanciados de sus padres —me confesó Derek al final de tres años en este ministerio—. La mayoría no había contactado por años con la familia.

—¿Qué clase de disfuncionalidades familiares llevó a tales distanciamientos?

—Muchos de ellos fueron maltratados verbal, física o sexualmente por sus padres —respondió Derek—. Tan pronto como tuvieron suficiente edad huyeron y nunca miraron hacia atrás. Sin embargo, otros salieron de hogares que eran bastante estables y de apoyo. Pero siendo adolescentes se involucraron en drogas. Sus padres trataron de ayudarlos, pero finalmente perdieron la esperanza y se dieron por vencidos, dejando que los jóvenes se valieran por sí mismos.

Un hijo descarriado

Una vez pasé una semana con Derek, andando por las calles de San Francisco y conociendo a las personas con quienes él había hecho relación. Mientras escuchaba las historias de estos adultos jóvenes, me preguntaba cuántos padres y cuántas madres en una ciudad lejana o un pueblo rural oraban a diario para que sus hijos regresaran. Recordé la historia que Jesús contó acerca de un individuo que le preguntó a su padre si podía darle la herencia mientras era joven, en lugar de esperar hasta la muerte del padre. El papá estuvo de acuerdo, y el hombre se fue con los bolsillos llenos de efectivo y una suma considerable en su cuenta de ahorros; había seguido la filosofía: "Comamos y bebamos, porque mañana moriremos". A su debido tiempo se encontró sin un centavo y aceptó un trabajo alimentando cerdos para sostenerse.[1]

Un día despertó con un recuerdo del hogar, y decidió que viajaría a su casa, se disculparía con su padre, y le pediría trabajo como asalariado en la granja de la familia. Finalmente, convirtió su decisión en realidad y anduvo el largo sendero de vuelta a su padre, se disculpó sinceramente, y expresó su deseo de trabajar como obrero en la hacienda. Para su sorpresa, el padre lo perdonó por completo y lo recibió no como asalariado sino como un hijo restaurado.[2]

Al mirar a los ojos de los adultos jóvenes en las calles de San Francisco, me pregunté cuántos de ellos podrían encontrar reconciliación si tan solo decidieran pedir disculpas a sus padres.

> **Los padres no pueden disculparse con un hijo adulto con quien no tienen contacto.**

Niños que están dispuestos a disculparse primero

Desde luego, aquellos que fueron maltratados por sus padres también deben recibir disculpas. Pero eso tal vez no suceda a menos que los hijos inicien el proceso. Los padres no pueden disculparse con un hijo adulto con quien no tienen contacto. Recuerdo la historia de Marcia, a quien conocí en un seminario matrimonial en una ciudad del medio oeste. Su padre había abusado sexualmente de ella; esto había afectado en gran medida la relación sexual con el esposo de Marcia. A instancias del esposo, ella fue a consejería

---

1. Véase Lucas 15:11-16.
2. Véase Lucas 15:17-24.

y pronto se dio cuenta de lo que había sucedido. Marcia decidió confrontar a su padre y tratar con lo que había sucedido mucho tiempo atrás. Ella sabía que no había ocasionado el problema, pero también sabía que durante muchos años había permitido que la amargura y la ira le impidieran tratar de reconciliarse con sus padres. No los había visto en muchos años. Con la ayuda de su consejero y el apoyo de su esposo, Marcia llamó a sus padres y les preguntó si podía ir a verlos. Estuvieron de acuerdo. Marcia lo llamó "el viaje más largo que he hecho y la conversación más difícil que he tenido. En esa época no sabía nada sobre los cinco lenguajes de la disculpa, pero era consciente de que deseaba comenzar con una disculpa. Al mirar hacia atrás, creo que traté de hablar cada uno de los cinco lenguajes".

Marcia recuerda lo que dijo: "He venido a disculparme por permitir que la ira, la amargura y el resentimiento me alejaran de ustedes durante todos estos años. Sé que me equivoqué al haber hecho eso. Lamento profundamente que hayamos perdido todo este tiempo. No sé si hay algo que yo pueda hacer para compensarlos, pero estoy dispuesta a intentarlo. Quiero que el futuro sea distinto, y he venido para pedirles que me perdonen, por favor".

Al final de la declaración de Marcia, ambos padres lloraban. "Mi madre me abrazó primero, y luego papá me abrazó y dijo: 'Sí, sí'. Yo no estaba preparada para lo que sucedió a continuación. Mi padre manifestó con lágrimas en los ojos: 'Te perdonaré, pero primero tengo un montón de cosas por las que debo pedirte que me perdones. Sé que lo que te hice estuvo mal. Nunca he debatido esto con tu madre, pero creo que este es el momento en que debe saber que abusé de ti en una forma horrible. Desde que me convertí en cristiano he pedido a Dios muchas veces que me perdone y he derramado muchas lágrimas. Y espero que tu madre también pueda perdonarme'".

Marcia hizo una pausa para calmarse.

"Abracé a mi padre y dije: 'Te perdono —siguió contando entonces—. También soy cristiana, y sé que Cristo murió tanto por tus pecados como por los míos'. Mi madre me miró y después miró a papá, y expresó: 'No sé si podré perdonarte; pensar que esto es lo que mantuvo a mi bebé lejos de mí todos estos años'. Pasamos las dos horas siguientes hablando y llorando juntos. Animé a mis padres a ver un consejero para que pudieran resolver las emociones que se habían creado. Este fue el comienzo de un viaje de sanidad para todos nosotros".

Debo dejar claro que, en mi opinión, si el padre no se hubiera disculpado por su agravio, la relación no se habría restaurado. Marcia no podía haberse disculpado por su padre; solo él podía hacer eso. En su disculpa, ella trató con sus propias fallas; eso es lo único que cualquiera de nosotros podemos hacer. Sin embargo, a menudo nuestra disposición de disculparnos crea un ambiente emocional que hace más fácil disculparse a la otra persona. Me pregunto cuántos de los adultos jóvenes con quienes hablé en las calles de San Francisco podrían conseguir una reunión similar si decidieran recorrer la senda de la disculpa.

DISCULPARSE ANTE HIJOS ADULTOS

Ahora veamos el otro lado de la ecuación. No hay padres perfectos. Hemos visto a jóvenes adultos aceptar las disculpas de sus padres y perdonarlos realmente por maltratos graves. Si tienes una relación distante con tu hijo adulto, ¿por qué no tomar la iniciativa de pedir perdón? Piensa en los años de dolor que pudieron haberse evitado si el padre de Marcia hubiera tomado la iniciativa de confesar años antes su maldad y buscar perdón. Su vergüenza habría sido un precio pequeño a pagar por la sanidad emocional, y su petición de perdón pudo haber aliviado años de separación. No todas las faltas son tan devastadoras como el abuso sexual, pero cuando hacemos daño a nuestros hijos, las consecuencias siempre son negativas. Admitir nuestras faltas y pedir a nuestros adultos jóvenes que nos perdonen es el sendero para eliminar barreras emocionales.

Reconocer una relación tensa

Típicamente, las maldades que hemos cometido no son morales sino más bien relacionales. Durante una conferencia para adultos solteros hablé de la relación hijo / padre. Después, Brenda se me acercó.

—¿Podría contarte mi historia? —preguntó.

—Desde luego —contesté.

—Mis padres son buenas personas —comenzó—. Han hecho mucho por mí. Es más, ese es el problema. Han hecho demasiado por mí. Soy hija única, y los dos vivían para mí. Su filosofía era "Déjame hacerlo por ti". En consecuencia, crecí con el sentimiento de que no era capaz de hacer nada. Recuerdo que una vez, cuando tenía como siete años, tendí mi cama esa mañana. Mi madre llegó unos minutos después, y declaró: "Cielos. Qué desastre", y procedió a tender la cama a su manera. Creo que pensó que ella estaba haciendo lo correcto, pero fomentó en mí un espíritu de ineptitud. No me fue bien en la universidad, en gran parte debido al concepto que yo tenía de mí misma.

Brenda hizo una pausa.

—Amo profundamente a mis padres —continuó—. Creo que su matrimonio era tan inseguro que ambos encontraban su única satisfacción en hacerse cargo de mis necesidades. Ojalá se hubieran cuidado uno del otro y hubieran permitido que yo aprendiera a cuidarme. Desearía poder decirles lo que siento, pero no quiero hacerles daño. Mamá se pregunta por qué no voy a casa más a menudo.

Comprendí en gran manera a Brenda. He conocido muchos

adultos jóvenes que lidian con similares modelos paternos. Los padres suelen ser personas trabajadoras que quizás crecieron con escasez. Su arduo trabajo los ha hecho exitosos, y quieren hacer por sus hijos lo que nadie hizo por ellos. Sin embargo, hacen tanto que sus hijos nunca aprenden a desenvolverse solos. Su "bondad" promueve una dependencia que aparece en varios aspectos de la vida, siendo el más obvio el financiero. El hijo adulto crece sabiendo poco del valor del dinero y sintiéndose poco motivado a trabajar. No solo que el hijo adulto es dependiente económicamente, sino que también tiene luchas relacionales y emocionales.

Si eres el padre de un hijo adulto con quien tienes una relación tensa, o que en tu opinión presenta bajo rendimiento en varios ámbitos de la vida, tal vez quieras reflexionar en tus patrones de crianza. Podría ser el momento de una disculpa.

Disculparse incluso cuando el agravio no fue intencional

No es que intencionalmente cometas equivocaciones. Intentabas cuidar a tu hijo; no obstante, tu comportamiento le ha hecho la vida más difícil. Tu disculpa no puede deshacer las deficiencias emocionales y relacionales de tu hijo adulto, pero bien puede traer sanidad a tu relación. El hecho de que ahora veas lo que tu hijo adulto ha visto durante muchos años, pero que no ha estado dispuesto a hablarlo contigo, le comunica que eres sensible a tus propias faltas y que tienes el valor de admitirlas.

Si conoces el principal lenguaje de la disculpa de tu hijo adulto, asegúrate de incluirlo en tu disculpa. De no hacerlo, nuestra sugerencia es que hables cada uno de los cinco lenguajes de la disculpa, así acertarás con total seguridad.

Por ejemplo, si el principal lenguaje de la disculpa de tu hijo adulto es *aceptar la responsabilidad*, lo que desea escuchar es: "Me equivoqué", y si dejas esto fuera de tu disculpa, podrías descubrir que los resultados deseados de reconciliación no acontecen. Una disculpa sincera abre la posibilidad al perdón y la verdadera reconciliación.

DISCULPARSE ANTE HERMANOS Y HERMANAS

Durante el proceso de crecimiento, la mayoría de hermanos se hacen y dicen cosas que son mutuamente hirientes. Si no se les enseñó a disculparse, estas heridas pueden convertirse en barreras emocionales en su relación. Recuerdo la visita de Miguel a mi oficina de consejería.

—Me convertí en cristiano hace como dos años... pero algo me preocupa realmente —comentó—. Mi hermano y yo tenemos una relación muy mala; es más, no he hablado con él en cinco años. Desde el funeral de mamá, no me he molestado en hablar con él.

Una discusión por una lápida

—¿Cuál fue el detonante para que pasara esto? —pregunté.

—Bueno, después del funeral, mi hermana y yo hablamos con él acerca de una lápida para la tumba de mamá. Él afirmó que no creía en lápidas, que era un desperdicio de dinero. Me enojé realmente con él y le dije que, si esa era su opinión, no me importaría no volver a verlo nunca más. Así que mi hermana y yo pagamos la lápida, y no he visto desde entonces a mi hermano. Esto no me molestó mucho hasta que me hice cristiano, pues he estado leyendo en la Biblia sobre el perdón. Creo que no está bien que yo tenga eso contra él.

—¿Qué clase de relación tuvieron tu hermano y tú antes del funeral de tu madre? —indagué.

—Nos llevábamos bastante bien —contestó—. Yo no diría que éramos supercercanos, pero nunca nos habíamos ofendido. Nos respetábamos. Él no venía a ver a mamá tanto como yo anhelaba. Yo la veía todos los días; mi hermana la veía casi con la misma frecuencia. Pero él quizás la veía una vez por semana. Supongo que lo de la lápida solo fue la gota que desbordó el vaso.

—¿Qué hay de tu padre? —quise saber.

—Nos abandonó cuando éramos pequeños. No lo he visto en años. Mamá nunca se volvió a casar. Ella gastaba todas sus energías trabajando y tratando de que tuviéramos comida. Creo que esa es otra razón por la que estoy resentido con la actitud de mi hermano.

—No me es difícil entender cuánto te molesta eso —comenté. Es probable que yo estuviera molesto en la misma situación. Pero creo que probablemente estarías de acuerdo en que reaccionaste en forma exagerada cuando le dijiste que no querías volver a verlo.

> "No es correcto que hermanos vivan en la misma ciudad y no se hablen".

—Lo sé —contestó—. Me hallaba muy enojado; así es como me sentía en ese momento. Pero sé que debo tratar de arreglar las cosas. No es correcto que hermanos vivan en la misma ciudad y no se hablen.

—¿Has escuchado alguna vez a tu hermano disculpándose contigo por algo en el pasado? —pregunté.

Reflexionó por un momento.

—No recuerdo que alguna vez se disculpara conmigo —expresó entonces—. Le dijo a mi hermana que lamentaba no haber visitado más a mamá cuando estaba enferma. Me alegró escuchar eso, pero fue demasiado tarde.

Le expliqué a Miguel los lenguajes de la disculpa y le dije por qué le pregunté si alguna vez había oído disculparse a su hermano.

—Es habitual que las personas expresen el lenguaje de la disculpa que desean recibir —expliqué—. Ya que le dijo a tu hermana que lamentaba no haber visitado más a menudo a tu madre mientras estuvo enferma, supongo que su lenguaje de la disculpa es *expresar arrepentimiento*: "Lo lamento. Me siento mal por lo que hice".

"Te he echado realmente de menos"

—Por tanto, lo que voy a sugerir es que contactes con tu hermano y le ofrezcas una disculpa por la manera en que le hablaste y por lo que dijiste acerca de la lápida de tu madre.

—Eso va a ser difícil —respondió.

—Tienes razón. Quizás sea una de las cosas más difíciles que hayas hecho en tu vida —afirmé—, pero tal vez una de las más productivas.

Trabajamos juntos en una posible declaración de disculpa, y resultó algo así:

Comprendo que mi reacción fue exagerada después del funeral de mamá cuando hablamos de la lápida. Me siento mal por haber dicho lo que te dije. Sé que me equivoqué, y he pensado mucho al respecto desde entonces. Lamento de veras haber dicho eso. No sé si me podrás perdonar, pero me gustaría pedirte perdón. Si hay algo que pueda hacer para compensarte, me gustaría hacerlo. Me siento mal por haberte tratado de esa manera y decirte que no quería volver a verte. Te he echado realmente de menos. Sé que no puedo borrar las palabras que te dije, pero quiero que sepas que lamento haberlas pronunciado. Eso no es en realidad lo que deseo, y espero que puedas perdonarme.

Miguel leyó la disculpa en voz alta, y los ojos se le llenaron de lágrimas.

—Así es realmente como me siento —manifestó—. Ojalá tuviera una oportunidad de decirle esto. ¿Cómo lo hago?

—Sugiero que lo llames por teléfono y le preguntes si podrías ir a verlo por unos minutos una noche. Si dice que no, sugiero que esperes un mes y lo vuelvas a llamar. Pero tengo una idea a la que él no se negará. Si es así, cuando llegues a su casa, no te pongas a conversar. Anda directo al grano y hazle saber que has ido a disculparte por algo que ha estado molestándote durante mucho tiempo. Después que hayas visto a tu hermano, me gustaría que me llamaras porque quisiera saber cómo te fue. Miguel estuvo de acuerdo y me agradeció por nuestro tiempo juntos.

La respuesta de su hermano

Seis semanas después recibí una llamada de Miguel, solicitando una cita de seguimiento.

—Estupendo. Me gustaría escucharte.

Un par de días más tarde, Miguel vino a mi oficina. Me dijo que estaba feliz de haber seguido mi consejo. Fue una de las cosas más difíciles que había hecho en su vida, pero cuando se disculpó con su hermano, él comenzó a llorar.

—Sé que lo que dije estuvo mal —declaró el hermano—. Debí haberte ayudado a pagar la lápida para mamá. No sé; nunca me han llamado la atención los asuntos sentimentales. Pero sé que actué mal. Al principio estaba herido y enojado con tu respuesta. Pero después me di cuenta de que tenías derecho a decir lo que dijiste. Es probable que yo hubiera dicho lo mismo si hubiera estado en tu lugar. Así que creo que lo que estoy diciendo es que te perdono si me perdonas.

Miguel y su hermano se abrazaron, y ambos lloraron durante un buen tiempo.

—Quiero que me digas cuánto costó la lápida, porque deseo pagarte a ti y a nuestra hermana la parte que me corresponde —pidió el hermano.

—No necesitas hacer eso —cuestionó Miguel—. El solo hecho de que volvamos a estar juntos es suficiente pago para mí.

—Lo sé, pero quiero hacerlo por mi bien y por mamá —insistió el hermano, mientras lágrimas le bajaban por el rostro.

—Está bien —concordó Miguel—. Trataré de encontrar los papeles y te haré saber cuánto fue.

Luego Miguel me comentó que él y su hermano se sentaron durante una hora a hablar de lo que había ocurrido en sus vidas desde la muerte de su madre.

—Fue un tiempo maravilloso, y sentí que la relación se había restaurado. La próxima semana lo tendremos a él y su esposa en nuestra casa para una barbacoa. Mi esposa y yo estamos emocionados por saber lo que ha estado sucediendo en sus vidas. Gracias por darme el valor para disculparme —me dijo.

—Me alegro de que lo hayas hecho —manifesté—. Pocas cosas son más poderosas en las relaciones humanas que aprender a asumir la responsabilidad por las faltas, y a disculparnos sinceramente ante la persona que hemos perjudicado.

Creo que muchas relaciones entre hermanos podrían sanar si alguno de ellos estuviera dispuesto a tomar la iniciativa y disculparse. No puedo garantizar que todas las disculpas sean tan exitosas en restaurar relaciones como fue la de Miguel, pero puedo asegurarte que las relaciones siempre son mejores cuando alguien elige disculparse.

DISCULPARSE ANTE PARIENTES POLÍTICOS

En nuestra sociedad, los chistes de suegras se han generalizado tanto que muchas personas se sienten renuentes a admitir que tienen una buena relación con sus suegras. Por otra parte, una suegra egocéntrica puede ser un constante "aguijón en la carne". Quiero expresar que en esta sección hablaremos de suegros, nueras y yernos tanto como hemos hablado de suegras. Las relaciones con parientes políticos pueden ser difíciles de entender por una razón básica: el matrimonio reúne dos conjuntos de tradiciones y patrones de relaciones familiares. Estas diferencias casi inevitablemente crean conflictos. No tratar con tales conflictos puede crear años de "problemas con parientes políticos".

Recuerdo la pareja que vino a mi oficina hace unos meses.

—No entendemos a nuestra nuera —confesó Catia—. Nos ha dicho que no quiere que visitemos a nuestros nietos sin antes llamar y asegurarnos que sea en momentos convenientes para ella. ¿Qué clase de relación es esa?

Entonces interrumpió Curtis, el esposo.

—Me crié en un hogar en que mis abuelos nos visitaban casi todos los días. Estos fueron unos de los mejores momentos de mi infancia. Nos gusta nuestra nuera. Cuando estaba saliendo con Alan, nos alegramos que anunciaran su deseo de casarse. Pero parece que ella ha cambiado ahora que tienen hijos. ¿Por qué querría nuestra nuera que todo sea tan difícil?

—Probablemente porque es esposa, madre, empleada y miembro del coro —opiné—. Y la vida se vuelve muy agitada; que ustedes la visiten inesperadamente es otro factor de tensión para ella.

Me di cuenta de que se quedaron sorprendidos por mi respuesta, por lo que seguí hablando.

—¿Les piden ella y Alan a menudo que cuiden a los niños? —pregunté.

—Casi todas las semanas —contestó Catia—. Ese es el asunto. Tratamos de ayudarlos para que puedan pasar tiempo juntos, y luego ella nos trata de este modo.

> "Tratamos de ayudarlos para que puedan pasar tiempo juntos, y luego ella nos trata de este modo".

Intenté explicarles la diferencia en la dinámica familiar y la diferencia en los patrones generacionales.

—Cuando ustedes eran niños, la vida era mucho más sencilla, fácil y lenta; y los vecinos se visitaban a menudo. Eran comunes los porches frontales con sillas mecedoras, pero el mundo de hoy, los porches y las sillas mecedoras son cosas del pasado. Ahora es televisión, computadoras, clases de natación, ensayos de danza, lecciones de piano, ligas menores, etc. La vida familiar es mucho más atareada. Para la familia promedio, hay muy poco tiempo libre. En consecuencia, tener visitas de los suegros cuando les sea conveniente pone a menudo más tensión en la pareja joven mientras intentan criar a sus hijos.

Les informé que la petición de su nuera de que llamaran antes de ir, y que se aseguraran que fuera en momentos convenientes para ella, no era algo anormal en la cultura moderna. Sugerí que Catia y Curtis aprovecharan al máximo las oportunidades que tienen de cuidar a sus nietos, y reconocieran esos tiempos como sus principales oportunidades para interactuar con ellos.

Luego les sugerí que debían disculparse con su nuera por ser insensibles a la tensión que le estaban causando sus visitas sin anunciar. Me di cuenta de que esta no era la manera en que ellos esperaban que la consejería terminara. Pero también me di cuenta de que lidiaban con lo que yo decía y trataban de comprender. Los elogié por venir a verme y buscar ayuda en lugar de dejar que esto simplemente continuara hasta que terminaran haciendo o diciendo algo muy destructivo para la relación con la familia política.

—Ustedes están en un momento muy crucial en su relación con su nuera —sugerí—. Creo que una disculpa sincera de su parte reparará el dolor y les permitirá tener una relación positiva en el futuro. ¿Conocen el principal lenguaje de la disculpa de su nuera?

La mirada en blanco en sus rostros me dijo que este era un concepto nuevo. Por tanto, les expliqué los cinco lenguajes de la disculpa y por qué era importante expresar el principal lenguaje de la disculpa de la otra persona.

—Creo que su lenguaje debe ser aceptar la responsabilidad —dedujo Catia—, porque Alan nos dijo que, cuando tienen inconvenientes, ella quiere que él diga: "Me equivoqué", y que nada menos que eso su esposa considera una disculpa.

—Supongamos que ese es el principal lenguaje de la disculpa de la nuera—expresé—, así que asegúrense de incluirlo en la disculpa que van a dar. No les haría daño lanzar también alguno de los demás lenguajes.

Pasamos los siguientes minutos trabajando en una posible declaración de disculpa. He aquí lo que resultó:

Nos hemos dado cuenta de que nuestras venidas sin previo aviso han puesto innecesaria presión en ti, Alan y los niños. Ese ciertamente no es nuestro deseo. Comprendemos que eso ha estado mal, y nos gustaría pedirles que nos perdonen. En nuestras infancias la vida era muy diferente; mucho más lenta y la gente se visitaba siempre sin anunciarse. Pero sabemos que ahora es distinto. Todos vivimos con mucha presión. Ustedes tienen trabajo e iglesia, además de todas las actividades de los niños. Sin duda queremos respetar eso. Apreciamos que nos permitan cuidar a los niños. Disfrutamos esos momentos. Por tanto, siéntanse libres de llamarnos cuando quieran. Y prometemos que trataremos de no visitarles en cualquier ocasión, sino de llamar siempre para ver si el momento es conveniente. Y de no ser así, no lo tomaremos como algo personal porque sabemos lo tensionada que a veces es la vida. Los amamos mucho, y queremos que tengan buenas relaciones familiares y un matrimonio fuerte. Quisiéramos ser un aporte valioso y no una carga. Por tanto, ¿nos perdonan por haber sido insistentes en el pasado? Sabemos que estuvo mal, y queremos actuar de modo diferente en el futuro.

Más tarde me dijeron que su disculpa fue un éxito y que sintieron que su relación con su nuera era saludable ahora. "Creemos que tenemos que aprender a vivir en el siglo XXI —afirmaron—. Gracias por ayudarnos".

La mayoría de relaciones con suegros problemáticos podría repararse si alguien estuviera dispuesto a disculparse y aprender a expresar la disculpa en el lenguaje de la otra persona.

Lo mismo es cierto con cualquier otra relación familiar: abuelos y nietos, tías, tíos y primos, y sin duda, dentro de familias reconstruidas. Pero sea que formes parte de un clan grande y unido que viva en la misma ciudad, o que tu familia se haya extendido por todo el país o el mundo, y se mantengan en contacto contigo por Skype o Instagram, aprender a dar y recibir disculpas contribuirá en gran medida a la sanidad de tus relaciones familiares.

Hablemos

¿Has experimentado u observado alguna vez una relación rota o dañada en tu familia?

"Durante el proceso de crecimiento, la mayoría de hermanos se hacen y dicen cosas que son mutuamente hirientes". ¿Cómo has tratado con eso en tu propia vida?

¿En qué formas escribir una declaración de disculpa puede ayudar a lidiar con un problema emocional? ¿Puedes pensar en un momento en que escribir tu disculpa te habría ayudado a mejorar la situación?

Capítulo 11

Decide perdonarte

Jordan siempre había sido el adolescente estadunidense modelo. Buen estudiante, jugador estrella de fútbol americano, activo en el programa juvenil de la iglesia; pero ahora se hallaba en mi oficina, llorando. Lo he conocido toda la vida, pero nunca lo había visto tan angustiado.

Al principio habló lentamente, tratando de contener las lágrimas.

—He metido realmente la pata —comentó—. He arruinado toda mi vida. En realidad, quisiera morirme.

—¿Te gustaría contarme lo que pasó? —inquirí.

—Todo comenzó el año pasado —explicó Jordan mirando el piso mientras hablaba—. Conocí a esta chica en el colegio. Sé que no debí haber salido con ella, pero era muy bonita. Empecé a llevarla a casa después de clases. Descubrí que su padre se había ido hacía cuatro años y que su madre no llegaba del trabajo hasta las 6:00 de la tarde. Estudiábamos y hablábamos. Luego comenzamos a interesarnos y, al poco tiempo, estábamos teniendo relaciones sexuales. Yo sabía que no estaba bien, pero traté de ser cuidadoso. De todos modos, quedó embarazada y la semana pasada se hizo un aborto.

Todo el cuerpo de Jordan le temblaba. Lágrimas le caían como lluvia sobre sus *jeans.*

—Le fallé a mis padres —continuó un minuto después—. Le fallé a Dios. Me fallé a mí mismo. Le fallé a ella. Lo único que quiero es morir.

> **"Le fallé a mis padres... Le fallé a Dios. Me fallé a mí mismo. Le fallé a ella. Lo único que quiero es morir".**

Jordan era joven, pero fue suficientemente sabio para saber que necesitaba ayuda. Lo vi con regularidad durante los doce meses siguientes. Observé cuando dio la cara y se disculpó con sus padres, la joven y la madre de ella. Lo vi llorar mientras reconocía ante Dios que había pecado y le pedía perdón.

—Creo que hay una disculpa más que debo hacer —confesó casi al final de su año de consejería (ahora estaba en primer año de universidad).

—¿A quién? —quise saber.

—Creo que debo disculparme ante mí mismo.

—Eso es interesante. ¿Por qué dices eso?

—Sigo acusándome —explicó—. Recuerdo lo que hice y me siento mal al respecto. No creo que me haya perdonado. Todos los demás parecen haberme perdonado, pero no me he perdonado. Tal vez si me disculpara conmigo mismo podría perdonarme.

—Creo que tienes razón —asentí—. ¿Por qué no trabajamos en una disculpa? ¿Qué te gustaría decirte?

Jordan empezó a hablar y yo a escribir.

—Me gustaría decirme que actué mal; es decir, realmente mal, sumamente mal. Me gustaría decirme lo mal que me siento por esto, y que lamento lo que hice. Me gustaría decirme que he aprendido mi lección, y que me mantendré sexualmente puro desde ahora hasta el día en que me case. Me gustaría otorgarme la libertad de volver a ser feliz. Y me gustaría pedirme perdón y ayudarme a sacar el máximo provecho a mi vida en el futuro.

Yo escribía frenéticamente para plasmar las palabras de Jordan.

—Dame un momento —declaré, me volví hacia la computadora y escribí la disculpa de Jordan, puse su nombre, imprimí una copia, y me volví hacia él—. Quiero que te pares frente a este espejo y te disculpes contigo mismo.

Escuché y observé a Jordan mientras leía su disculpa. Esto fue lo que pronunció:

> Jordan, quiero confesarte que obré mal, es decir, realmente mal, sumamente mal. Jordan, quiero decirte lo mal que me siento al respecto y cuánto lamento lo que hice. Quiero expresarte que he aprendido la lección, y que me mantendré sexualmente puro desde ahora hasta el día en que me case. Quiero otorgarte la libertad de volver a ser feliz. Además, Jordan, quiero pedirte que me perdones y me ayudes a sacar el máximo provecho a mi vida en el futuro.

Entonces Jordan se volvió hacia mí.

—Adelante —lo animé—, lee la última frase.

—*Jordan, debido a que creo que tu disculpa es sincera* —continuó él—, *decido perdonarte.*

Las lágrimas fluían libremente por su rostro cuando se volvió y nos abrazamos. Durante todo un minuto ambos lloramos en la emoción del perdón. Jordan terminó la universidad, y ahora está casado y tiene su propia familia.

Varios años después de nuestra experiencia de consejería, me comentó: "La parte más significativa de mi viaje fue el día que me disculpé conmigo mismo y me perdoné. No creo que lo habría logrado si eso no hubiera sucedido".

Como consejero, aprendí de primera mano de Jordan el tremendo poder de disculparse con uno mismo.

QUIÉNES SOMOS, QUIÉNES QUEREMOS SER

¿Por qué disculparte contigo mismo? En un sentido general, te disculpas contigo mismo por la misma razón que te disculpas con alguien más: quieres restaurar la relación. Cuando te disculpas con alguien más, esperas que la disculpa elimine la barrera entre las dos partes, para que tu relación pueda seguir creciendo. Cuando te disculpas contigo mismo, buscas eliminar el desequilibrio emocional entre la persona que *quieres* ser (el yo ideal) y la persona que *eres* (el yo real). Cuanto más grande sea la distancia entre el yo ideal y el yo real, mayor es la intensidad del trastorno emocional interior.

> **Cuanto más grande sea la distancia entre el yo ideal y el yo real, mayor es la intensidad del trastorno emocional interior.**

Estar "en paz con nosotros mismos" ocurre cuando eliminamos la distancia entre el yo ideal y el yo real. Disculparnos con nosotros mismos, y después experimentar perdón, sirve para eliminar la distancia.

A veces, la ansiedad emocional se deriva de no cumplir con nuestras normas morales. Este fue el caso con Jordan, quien se había prometido que no se volvería sexualmente activo antes del matrimonio. Sabía que esta no era una norma moral aceptada por todos los adolescentes, pero para él era un asunto espiritual. Él creía que esta era la norma de Dios, y tenía la intención de seguirla. Cuando quebrantó conscientemente sus normas morales, fue asaltado por ansiedad y culpa. Para él, la distancia entre el yo ideal y el yo real era inmensa. Sus disculpas a otros habían servido para sanar relaciones, pero hasta que se disculpó consigo mismo no encontró paz interior.

Las fallas morales ocurren en muchos frentes. Nelson, de cuarenta y cinco años, era padre de dos hijos a quienes, desde temprana edad, les había enseñado a decir la verdad. La integridad era un gran valor moral para él, y quería que sus hijos aprendieran a decir la verdad. Un año, mientras completaba su declaración de impuestos federales, "alargó la verdad" a fin de obtener una deducción mayor. En ese momento pareció algo insignificante e intrascendente. Pero, una semana después, Nelson experimentaba fuertes recelos acerca de lo que había hecho. No se sintió mejor sino hasta que presentó una declaración enmendada de impuestos, se disculpó y se perdonó.

La mentira, el robo, el engaño y la inmoralidad sexual son ejemplos de normas morales rotas que pueden llevar a experimentar culpa y ansiedad. Aunque disculparse ante otros puede traer sanidad a las relaciones humanas, disculparse y perdonarse uno mismo eliminan la ansiedad y restauran la paz mental.

No todo mal comportamiento es inmoral o incluso muy significativo. Sin embargo, cuando sentimos que nos hemos comportado mal, nuestra visión de nosotros mismos se daña. Pensamos que debíamos ser "más maduros", y nos castigamos.

Elena, de Nueva Inglaterra, me confesó: "No puedo creer que fuera tan inmadura. Hice un escándalo por una discrepancia en el cobro de una comida. Traté duramente a la mesera y llamé sobre mí la atención de personas de otras mesas. He estado reviviendo esa escena durante semanas. Solía creer que yo era una persona muy decente... pero ahora no lo sé".

Elena está sufriendo de autoestima dañada. La diferencia entre su yo ideal y su yo real está causándole gran dolor emocional. Ella debe disculparse consigo misma.

Luego está Davis, un aspirante a empresario que dio una respuesta insensata a otro empresario de la ciudad. Me confesó: "Siento que he cometido un gran error. Me disculpé con la persona implicada, y creo que me perdonó. Pero temo que lo que hice va a afectar mi negocio por mucho tiempo. Me cuesta quitarme eso de encima y motivarme a seguir adelante. Incluso he pensado en irme a otra ciudad y empezar de nuevo". Davis está luchando con ansiedad intensa por el problema, lo que afecta el modo en que opera su negocio. Debe disculparse consigo mismo para que pueda enfocarse en el futuro y no en errores del pasado. Cuando estás plagado de ansiedad por un error pasado, la respuesta no es "tratar de olvidarlo". Cuanto más intentas olvidarlo, más crece en tu mente. La respuesta yace en disculparse con las partes ofendidas y luego disculparte y perdonarte.

CUANDO ESTÁS ENOJADO CONTIGO MISMO

Cuando no logramos estar a la altura del yo ideal, lo que sucede dentro de nosotros es lo que sucede dentro de otros cuando los ofendemos: nos enojamos. Este enojo se vuelve hacia nosotros mismos y a menudo se expresa por medio de *implosión* o *explosión*.

Cuando explotamos con ira, dañamos nuestras relaciones con otros. Cuando implosionamos, nos dañamos nosotros mismos. Esto podría tomar la forma de reprocharnos mentalmente: *Soy un estúpido; soy tonto; nunca lo haré bien; nunca lograré nada. ¿Qué pasa conmigo?* Estas son actitudes de enojo implosivo. Un caso extremo de implosión puede expresarse al maltratar físicamente nuestro cuerpo. Cortes de muñeca, golpes de cabeza, y pasar hambre son ejemplos de maltrato físico a uno mismo. La ira propia expresada por explosión o implosión nunca mejora una situación.

De alguna manera es normal enojarnos con nosotros mismos cuando nos sentimos "arruinados". Pero he aquí la forma saludable de procesar ese enojo. Primero, admitir ante nosotros mismos que lo que hicimos fue imprudente, erróneo o hiriente para otros y para nosotros mismos. Segundo, disculparnos con las personas que hemos ofendido, y esperar que nos perdonen. Tercero, disculparnos conscientemente y decidir perdonarnos.

¿CÓMO ME DISCULPO?

Disculparnos requiere *diálogo interno*. Quizás hayas oído decir a alguien: "Hablar conmigo mismo es señal de enfermedad mental".

¡Incorrecto! Las personas mentalmente sanas siempre hablan consigo mismas... animándose, aconsejándose, cuestionándose. Algo de este diálogo interno se hace en voz alta; mucho se realiza interiormente y en silencio. Una mujer que conozco declaró: "Cuando tengo un gran desafío por delante, siempre musito en voz alta una y otra vez: 'Puedes hacerlo'. ¡Eso ayuda mucho!".

Y cuando se trata de disculparnos a nosotros mismos, me gusta estimular el diálogo interno audible.

Si eres consciente de tu propio lenguaje de la disculpa, entonces enfócate en expresar ese lenguaje, pero incluye los otros cuatro lenguajes para tener mérito emocional adicional.

> **Las personas mentalmente sanas siempre hablan consigo mismas... animándose, aconsejándose, cuestionándose.**

En el momento que aconsejé a Jordan, yo no había descubierto los cinco lenguajes de la disculpa. No obstante, en retrospección, él hizo un trabajo excelente expresándose en cada uno de los cinco lenguajes. Mi suposición es que el principal lenguaje de la disculpa de Jordan era aceptar la responsabilidad. Afirmo eso porque comenzó su disculpa diciéndose: "Obré mal; real y manifiestamente mal. Me arrepiento de veras de lo que hice". He descubierto que cuando las personas ofrecen una disculpa, muchas veces empiezan expresándola en su propio lenguaje de la disculpa. Están diciéndoles a otros lo que esperarían que les dijeran si estuvieran disculpándose.

Sugerimos que escribas la disculpa antes de que te la pronuncies. He aquí un resumen de la disculpa que Jordan se hizo. Hemos quitado su nombre y dejado los espacios en blanco para que puedas incluir el tuyo. Puedes cambiar el orden de la declaración, así como la redacción. La ofrecemos simplemente para ayudarte a empezar a formar tu propia disculpa contigo mismo.

"_____, quiero confesarte que obré mal, es decir, realmente mal, sumamente mal. _____, quiero decirte lo mal que me siento al respecto y cuánto lamento lo que hice. Quiero expresarte que he aprendido la lección. _____, quiero otorgarte la libertad de volver a ser feliz. Además, _____, quiero pedirte que me perdones y me ayudes a sacar el máximo provecho a mi vida en el futuro. _____, debido a que creo que tu disculpa es sincera, decido perdonarte".

Adelante, escribe tu declaración de disculpa propia. Después que la hayas escrito, te animo a pararte frente al espejo, mirarte a los ojos, y ofrecerte audiblemente tu disculpa. Creemos que disculparte contigo mismo es un paso importante en el proceso de restaurar la "paz contigo mismo".

¿QUÉ SIGNIFICA PERDONARME?

Perdonar a alguien más significa que decides ya no anidar la ofensa contra esa persona. La volverás a aceptar en tu vida y tratarás de seguir edificando tu relación con ella. Su ofensa ya no es una barrera en tu relación. Si un muro se ve como símbolo de la ofensa cometida contra ti, el perdón destruye el muro. El perdón permite que las personas implicadas vuelvan a comunicarse y a escucharse con una visión de entendimiento. Abre el potencial de trabajar juntos como equipo.

Lo mismo se aplica a perdonarse. En su raíz, perdonarse es una decisión. Nos sentimos apenados por nuestro error. Ojalá no hubiéramos cometido la ofensa. La realidad es que sí la cometimos. Nos hemos disculpado con las otras partes involucradas si nuestra ofensa fue contra ellas. Tal vez hemos pedido perdón a Dios. También nos hemos disculpado con nosotros mismos. Ahora es el momento de perdonarnos. Debemos decidir hacerlo. No se sirve ningún propósito al regañarnos de manera explosiva o implosiva. Todo ese comportamiento es destructivo. Decidir perdonarnos elimina la distancia entre el yo ideal y el yo real. Al perdonarnos a nosotros mismos estamos afirmando nuestros altos ideales, admitiendo nuestros errores y ratificando nuestro compromiso con nuestros ideales.

Al escribir tu declaración de disculpa personal también te animamos a escribir tu declaración de perdón personal. He aquí un ejemplo que puede estimular tu propio pensamiento: "_____, la ofensa que cometiste me ha atribulado en gran manera. Me ha producido mucha ansiedad interior. Pero he escuchado tu disculpa sincera y te valoro. Por tanto, _____, decido perdonarte. Ya no mantendré la ofensa contra ti. Haré todo lo posible para que tu futuro sea brillante. Puedes contar con mi apoyo. Permíteme decirlo de nuevo, _____: Te perdono".

Después de haber escrito tu declaración de perdón, te instamos otra vez a ponerte frente al espejo, mirarte a los ojos, y expresar audiblemente tu perdón.

Al igual que perdonar a otros, perdonarte no elimina todo el dolor o los recuerdos de tu falta, tampoco elimina necesariamente quitar todas las consecuencias de tu error. Por ejemplo, si has mentido o robado, podrías enfrentar los resultados de tales acciones. Lo que el perdón hace es liberarte de tu esclavitud de tus errores pasados y te da libertad para aprovechar el futuro.

APRENDAMOS DE NUESTROS ERRORES

Ahora estás en una posición de cambiar el curso de tu vida. A veces la gente comete la equivocación de tratar de no volver a pensar en la falta. La realidad es que podemos aprender mucho de nuestras equivocaciones. Pregúntate: *¿Cuáles son los factores que me llevaron a la ofensa?* Tales son las cosas que deben cambiarse.

Por ejemplo, si caíste en el abuso del alcohol o las drogas, podría ser que te pusiste en una situación que estimuló la bebida o el uso de tales sustancias. En el futuro no debes permitir que esto suceda. Si tu falta fue inmoralidad sexual, debes retirarte del ambiente que te estimularía a repetir esa falta.

Además de aprender de los errores pasados, ahora puedes tomar medidas positivas para hacer más brillante tu futuro. Esto puede implicar leer libros, asistir a seminarios, hablar con amigos, o recibir consejería. Estos son los tipos de pasos que te dan nueva información y perspectiva con lo cual dirigir tu futuro. Disculparte contigo y decidir perdonarte te abre a la posibilidad de un futuro mucho más brillante de lo que jamás hayas soñado.

Hablemos

¿Por qué a veces parece más fácil perdonar a otras personas que a nosotros mismos? ¿Cómo has visto esto en tu vida?

Cuenta una experiencia que hayas tenido en dar pasos "positivos" para superar una dificultad.

¿Qué piensas de la idea de hablar contigo mismo sobre la disculpa a ti mismo? ¿Parece algo natural o incómodo? ¿De qué manera tu formación ha influido en cómo ves este concepto de diálogo interno?

Capítulo 12

Realmente apenado, realmente perdonado

L a galardonada película de Steven Spielberg, *Lincoln*, analiza los meses en la vida del gran presidente cuando estaba presionado por aprobar la Proclamación de Emancipación. El éxito de la película ha recordado una vez más a los estadounidenses nuestra triste historia de la esclavitud. A lo largo de los años se ha dicho mucho sobre "pedir disculpas" por la esclavitud, y sobre hacer reparaciones y efectuar la reconciliación. Lo mismo ha sucedido con relación a otros grupos tratados injustamente, como los japoneses-estadounidenses que fueron internados durante la Segunda Guerra Mundial, o los nativos estadounidenses que soportaron tanto cuando nuestra nación se extendió hacia el occidente.

Y hoy día, cuando muchos conflictos en nuestras familias y ciudades se "resuelven" a punta de pistola, debemos preguntarnos: ¿Qué pasaría si todos aprendiéramos a disculparnos de modo más eficaz? ¿Qué pasaría si aprendiéramos a perdonar y aceptar perdón?

Quizás podamos aprender de una niña de cinco años de edad.

Cuando nuestra nieta Davy Grace tenía cinco años, su padre y su madre le permitieron pasar una semana especial con sus abuelos. Karolyn y yo estábamos eufóricos. La semana fue muy divertida, pero una experiencia quedó indeleblemente grabada en mi memoria. Karolyn tiene un cajón especial donde guarda "calcomanías" para los nietos. Por supuesto, Davy Grace conocía la existencia de este cajón especial, y le preguntó a su abuela si podía tomar algunas calcomanías. Karolyn le dijo que podía tomar tres, las tres que la niña eligiera.

Una hora o dos más tarde comenzamos a ver calcomanías por toda la casa. Davy Grace había tomado toda la hoja de calcomanías y las había pegado al azar.

—Pensé que te había dicho que tomaras solo tres calcomanías, pero tomaste toda la hoja —dijo Karolyn.

Davy Grace permaneció en silencio mientras la abuela continuaba.

—Desobedeciste a la abuela.

—Necesito que alguien me perdone —manifestó Davy Grace mientras las lágrimas le caían por el rostro.

Nunca olvidaré tales palabras ni el sufrimiento que vi en ese joven rostro. Mis lágrimas se mezclaron con las suyas mientras la abrazaba.

—Cariño, todos necesitamos que alguien nos perdone —expresé—. Y el abuelo estará feliz de perdonarte, y estoy seguro de que la abuela también.

Karolyn se nos unió en nuestro abrazo de reconciliación.

ALGUIEN QUE NOS PERDONA

He reflexionado en esa escena muchas veces mientras escribía este libro sobre la disculpa. Estoy convencido de que la necesidad de perdón es universal y que reconocer esa necesidad es la esencia de la disculpa.

Las disculpas surgen de una conciencia de que mis palabras o acciones han violado la confianza de otros o los ha ofendido en alguna forma. Cuando estas ofensas no se reconocen, la relación se rompe. Vivo con una sensación de culpa o una arrogante auto-suficiencia mientras la parte ofendida vive con dolor, desilusión y enojo. Ambas partes sabemos que nuestra relación ha sufrido por la ofensa. Si ninguno de los dos extiende la rama de olivo, la calidad de nuestra relación seguirá menoscabándose.

Hace años, mientras vivíamos en Chicago, yo solía ser volun-tario de la Misión Pacific Garden. Conocí decenas de hombres y algunas mujeres que me contaron su viaje hacia las calles. Reconocí un elemento común en todas sus historias. Todos ellos tenían una serie de experiencias en que alguien los trató injustamente, al menos esta era su percepción. Y nadie se disculpó jamás. Muchos de ellos admitieron que también habían tratado con crueldad a otros y no se habían disculpado. El resultado fue una cadena de relaciones rotas. Finalmente, no había nadie a quien pudieran recurrir, así que acabaron en las calles. A menudo me he pregun-tado cuán diferentes podrían haber sido las cosas si alguien les hubiera enseñado a estos hombres y a estas mujeres a disculparse.

En el otro extremo del espectro social están las empresas estadounidenses. En los últimos años hemos visto a numerosos eje-cutivos empresariales acusados, y a veces condenados, de fraude. Me pregunto qué habría sucedido si estos ejecutivos hubieran aprendido a disculparse cuando trepaban la escalera empresarial.

Muchos empleados del Gobierno también se han unido a las filas de los condenados. La mayoría de ellos se han declarado inocentes hasta que se demuestre su culpabilidad. Cuando presen-taron disculpas, estas a menudo se expresaron en términos muy nebulosos y con frecuencia parecían interesadas. En el caso de ejecutivos gubernamentales y públicos, la renuencia a disculparse puede surgir del miedo a que la disculpa se utilice contra ellos.

Razonan: *Es mejor callar y conservar mi posición, que disculparme y perderlo todo*. Muchos nunca han llegado a entender que hay cosas en la vida más importantes que el poder y el dinero. Albert Einstein escribió una vez: "A veces lo que cuenta no puede contarse, y lo que puede contarse no cuenta".[1]

Rompamos patrones de nuestra cultura

Para el hombre o la mujer "común", la renuencia a disculparse está arraigada en patrones culturales que observaron y asimilaron mientras crecían. Por tanto, como hemos analizado antes, algunos saltan inmediatamente al modo de culpa, responsabilizando a otros por sus faltas. Otros, con rostros de piedra, niegan que se haya cometido alguna ofensa. Otros más ofrecen una disculpa rápida y débil, esperando que el asunto caiga en el olvido.

Sin embargo, una creciente cantidad de individuos están aprendiendo a calmarse y sacar tiempo para disculparse de veras. Estos son los fuertes; estos son los héroes; estos son los que a la gente le gusta tener cerca; estos son aquellos en quienes los demás confían.

SI LAS DISCULPAS FUERAN UNA MANERA DE VIVIR...

El arte de disculparse no es fácil, pero puede aprenderse, y vale la pena el esfuerzo. Disculparse abre todo un nuevo mundo de salud emocional y espiritual. Tras habernos **Disculparse abre todo un nuevo mundo de salud emocional y espiritual.** disculpado podemos mirarnos en el espejo, mirar a la gente a los ojos, y adorar a Dios "en espíritu y en verdad". Son los que se disculpan de veras los que tienen más probabilidades de ser realmente perdonados.

---

1. Michael S. Woods, *Healing Words* (Oak Park, Ill.: Doctors in Touch, 2004), p. 19.

Si disculparse fuera una forma de vivir, no se levantarían muros. Las relaciones serían auténticas. Sin duda la gente falla, pero las fallas podrían tratarse de una manera abierta y sincera. Se expresaría arrepentimiento; se asumiría la responsabilidad. Se haría restitución. El arrepentimiento verdadero sería nuestra intención, y nos levantaríamos humildes y diríamos: "Necesito que alguien me perdone". Creo que, en la mayoría de casos, si aprendiéramos a disculparnos de manera eficaz, seríamos auténticamente perdonados.

Cuando la disculpa se convierte en una forma de vida, las relaciones permanecen saludables. Las personas encuentran la aceptación, el apoyo y el entusiasmo que necesitan. Pocas personas recurrirían a las drogas y el alcohol en un esfuerzo por escapar de las relaciones destrozadas. Y menos personas vivirían en las calles de las ciudades.

Sí, Davy Grace, yo también necesito que alguien me perdone. Desde los cinco años hasta los ochenta y cinco, y más, necesitamos que alguien nos perdone. Eso es más probable que suceda si aprendemos a disculparnos eficazmente. Ojalá este libro nos mueva a todos al modo de la disculpa. Que aprendamos a reconocer y vencer nuestra tendencia a culpar, negar u ofrecer disculpas rápidas y débiles sin tratar realmente con la ofensa.

Al acabar este libro, quizás te gustaría unirte a nosotros en esta oración: "Padre, dame la actitud de Davy Grace: 'Necesito que alguien me perdone', y enséñame a disculparme eficazmente. Amén".

Hablemos

Toma un tiempo para analizar algunos de los conflictos y males en nuestra sociedad. ¿Cómo "admitir el error" ayudaría a sanar algunos de estos males?

Reconocimientos

Tendríamos que disculparnos si no reconociéramos nuestro aprecio por los centenares de parejas que sacaron tiempo para completar nuestro cuestionario de la disculpa y por las muchas más que nos concedieron extensas entrevistas. Sin su ayuda, este libro no se habría escrito. Muchas de estas parejas hablaron sinceramente de sus propios fracasos en disculparse y perdonar. Otras narraron el viaje que las llevó a descubrir el arte de disculparse eficazmente y encontrar el gozo de la reconciliación. El libro está enriquecido por la sinceridad de estas parejas.

Jennifer y yo también estamos en deuda con las parejas y personas que acudieron a nosotros en busca de consejo. Mucha de la gente que ha acudido a nuestras oficinas lo ha hecho porque alguien no se disculpó. Sus historias nos han enseñado el dolor del rechazo y, en algunos casos, la alegría de verlas ofrecer y recibir una disculpa y, por tanto, dispuestos a abrir la puerta al perdón y la reconciliación. Hemos cambiado sus nombres y ciertos detalles para protegerles la privacidad, pero sus historias añaden mucho a este libro.

Un agradecimiento especial a Tricia Kube, quien computarizó el manuscrito y nos dio gran aliento; a Shannon Warden, quien creó el "perfil del lenguaje de la disculpa" que se halla al final del libro, y que también fue de gran ayuda en recopilar y organizar nuestros cuestionarios de investigación; y a Kay Tatum, nuestro gurú técnico que hizo el manuscrito presentable para el editor. Además, un agradecimiento especial para Rob Eagar de WildFire Marketing por su orientación.

También estamos agradecidos con Greg Thornton, Betsey Newenhuyse y el maravilloso equipo de Moody Publishers, que no solo hicieron un excelente trabajo al editar el libro en inglés, sino que también nos dieron mucho ánimo a medida que investigábamos y escribíamos.

Por último, queremos agradecer a nuestros cónyuges, Karolyn y J. T., a quienes dedicamos esta obra. Sin su amor y apoyo, ninguno de nosotros habría tenido la energía emocional para completar el proyecto. Este libro es un tributo a sus espíritus generosos.

—Gary Chapman, PhD
—Jennifer Thomas, PhD

Lo que *no* se debe decir en una disculpa

¿Cuándo rechazas una disculpa y decides que la otra persona no es sincera? A menudo rechazamos una disculpa tan pronto como escuchamos palabras que culpan, excusan o niegan. ¿Quieres utilizar mejores prácticas para las disculpas que funcionan realmente? De ser así, omite estas frases. Cuando me encuentro en mi silla de consejero y oigo que pronuncian estas frases a un cónyuge, a menudo detengo la acción y advierto: "Estás dirigiéndote en la dirección EQUIVOCADA. Continúa solo si tienes la intención de destruir esta relación".

- ¿Aún no has superado eso?
- Qué pena que te hayas ofendido.
- Pedí y recibí el perdón de Dios.
- Yo debería ser perdonado porque...
- Eres demasiado sensible. Yo solo bromeaba.
- ¿Por qué siempre tú...?
- Si no hubieras...
- Te pareces a tu madre.
- Eso es ridículo.
- Así es la vida.
- ¿Cuál es el problema?
- Mientras estés ofendida...
- Déjame en paz.
- Simplemente debes superarlo.
- Yo ahora no puedo hacer nada. ¡No puedo eliminar el pasado!
- ¿No puedes hacer borrón y cuenta nueva?

Lo que *sí* se debe decir en una disculpa

¿*C*uál es la forma correcta de disculparte? Hay dos métodos buenos: puedes escribir la disculpa y luego leérsela a la persona, o simplemente puedes pronunciarla. No trates de ofrecer una disculpa seria a través de medios electrónicos. Tomarse el tiempo para hablar directamente con alguien transmite mejor tu sinceridad.

¿Cuáles son los pasos para ofrecer una buena disculpa? El lenguaje corporal puede construir o destruir la sinceridad de una disculpa. Asegúrate de mantener contacto visual, no cruces los brazos en posición defensiva, escucha con preocupación, y habla con un tono agradable de voz. Después elige palabras que no culpen a otros, que no te excusen, o que nieguen la responsabilidad. En lugar de eso, asume la responsabilidad por tu parte del problema (haz esto, aunque no tengas toda la culpa), expresa pena por sentimientos heridos, ofrece compensar, habla de cómo puedes evitar que el problema vuelva a ocurrir, y considera pedir perdón.

He aquí una frase útil para continuar con un tema: "Me gustaría volver a hablar de (nombra el tema). Me doy cuenta de que no dije (o hice) cosas del modo correcto. Me disculpo por eso". Este método te lleva otra vez al tema y muestra tu intención de estar abierto y no a la defensiva.

A continuación, usa alguna de estas frases de disculpa probadas y ciertas. Usa más de una de ellas si se aplica de veras a tu situación, si la ofensa ha sucedido repetidamente, y si el daño fue grave:

- Lo hice, y no tengo excusa.
- Soy responsable por el error.
- Podría llevarnos mucho tiempo dejar atrás lo que he hecho.

- Sería difícil perdonarme si yo fuera tú.
- He dañado tu confianza.
- Fui descuidado, insensible, irreflexivo o grosero.
- Me esforzaré por arreglar mi error en el futuro.
- Mis acciones fueron inaceptables.
- Me duele el corazón por lo que hice.
- No merecías ese tipo de tratamiento.
- Tienes todo el derecho de enojarte.
- Sé que lo que hice estuvo mal.
- Mi error es parte de un patrón que debo cambiar.
- Reconstruiré tu confianza haciendo...
- Trataré de compensarte esto por medio de...
- Te he puesto en una situación muy difícil.
- Comprendo que hablar es fácil. Sé que debo demostrarte cómo he de cambiar.
- Espero que no haya esperado demasiado tiempo para ofrecerte la disculpa que mereces.
- ¿Podrás alguna vez perdonarme?

Perfil del lenguaje de la disculpa

l siguiente perfil está diseñado para ayudarte a descubrir tu lenguaje de la disculpa. Lee cada uno de los veinte escenarios hipotéticos y marca (✔) la respuesta que más te gustaría escuchar si esa situación particular ocurriera en tu vida. Supón que en cada escenario tú y la otra persona tienen una relación en la cual lo mejor para ambos es mantener una actitud respetuosa y considerada. En otras palabras, si la relación está afectada en alguna manera por la otra persona, supón que la relación es tan importante que crees necesario recibir la disculpa de quien te ha ofendido. Además, supón que el "ofensor" es consciente de su agravio debido a que has expresado tu dolor en alguna manera notable y directa.

Algunas de las posibles respuestas a cada uno de los veinte escenarios son similares. Enfócate menos en su similitud y más en escoger la respuesta que más te atraiga, y luego pasa al siguiente punto.

1. Tu cónyuge no recordó tu aniversario de bodas. (Si no te has casado, supón que lo has hecho en este escenario.) Debería decir:

_____ ◊ "No puedo creer que olvidara nuestro aniversario. Tú y nuestro matrimonio son muy importantes para mí. Lo lamento mucho".

_____ ○ "No hay excusa para haberlo olvidado. ¿En qué estaría pensando?".

_____ △ "¿Qué puedo hacer para demostrar mi amor por ti?".

_____ ❑ "¡Puedes apostar que no lo olvidaré el próximo año! ¡Marcaré con un círculo la fecha en mi calendario!".

_____ ☆ "Sé que estás dolida; sin embargo, ¿podrás perdonarme?".

2. Tu madre sabía cómo te sentías en cuanto a un asunto, y actuó deliberadamente contra tus deseos. Ella debería decir:

_____ ○ "Si solo hubiera pensado en lo que estaba haciendo, me habría dado cuenta de que estaba mal".

_____ △ "¿Qué puedo hacer para recuperar tu respeto?".

_____ ❑ "En el futuro no daré por sentados tus sentimientos".

_____ ☆ "¿Podrías darme, por favor, otra oportunidad?".

_____ ◊ "Yo sabía cómo te sentías, pero de todos modos actué en contra de tus deseos. Desearía no haber hecho eso".

3. Estabas en una crisis y necesitabas ayuda, pero tu amigo hizo caso omiso a tu necesidad. Debería expresar:

_____ △ "Declarar 'lo siento' no parece suficiente. ¿Qué más puedo decir o hacer para restaurar nuestra amistad?".

_____ ❑ "Ahora me doy cuenta de que pude haberte sido de más ayuda, y prometo que haré todo lo posible por ayudarte si alguna vez vuelves a estar en dificultades".

_____ ☆ "Lo lamento sinceramente y te pido que me perdones".

_____ ◊ "Debí haber estado allí para ti. Lamento mucho haberte decepcionado".

_____ ○ "Te desilusioné cuando más me necesitabas. Cometí una terrible equivocación".

4. Tu hermana hizo un comentario insensible sobre ti. Debería indicar:

_____ ❑ "Aunque es probable que vuelva a decir algo incorrecto en el futuro, lo que aprendí de esta experiencia me ayudará a no herirte con comentarios insensibles".

_____ ☆ "¡Lo arruiné! ¿Puedes perdonarme?".

_____ ◊ "Eso fue muy irreflexivo de mi parte. Desearía que hubiera sido más considerado con tus sentimientos".

_____ ○ "Sé que lo que dije estuvo mal y que lastimó tus sentimientos".

_____ △ "¿Me permitirías retractarme de lo que dije? Me gustaría tener la oportunidad de restaurar tu reputación".

5. Tu cónyuge arremetió con ira contra ti cuando al parecer no habías hecho nada malo. Debería declarar:

_____ ☆ "Lamento de veras haberte gritado. Espero que puedas perdonarme de corazón".

_____ ◊ "Desearía no haberte lastimado gritándote. Me siento muy mal por cómo te traté".

_____ ○ "Estaba enojado, pero no tenía derecho de hablarte de ese modo. No mereces eso".

_____ △ "¿Qué puedo hacer o decir para arreglar las cosas entre tú y yo?".

_____ ❏ "Tengo miedo de volver a hacer esto, y no quiero hacerlo. Ayúdame a pensar en maneras de no explotar de este modo en el futuro".

6. Sentías orgullo por tu logro, pero tu amigo actuó como si fuera algo trivial. Debería decir:

_____ ◊ "Necesitabas que yo participara de tu emoción, y te decepcioné. Detesto que yo no hubiera reaccionado de manera más apropiada".

_____ ○ "Eché a perder tu celebración al no estar feliz por ti. Podría excusarme, pero en realidad no tengo una buena excusa por haberme desentendido de tu logro".

_____ △ "¿Es demasiado tarde para que celebremos tu logro? Realmente deseo compensarte".

_____ ❏ "Prometo notar y celebrar tus logros en el futuro. He aprendido una dura lección".

_____ ☆ "Sé que te fallé antes, pero ¿podrías volver a perdonarme por favor?".

7. Tu socio comercial no consultó contigo un asunto importante de interés mutuo. Debería expresar:

_____ ○ "Realmente lo arruiné esta vez al no incluirte en esta decisión. Tienes derecho a estar furioso conmigo".

_____ △ "¿Hay algo que pueda hacer para enmendar lo que hice?".

_____ ❑ "En el futuro planeo consultar todo contigo. No volveré a hacerte de lado en la toma de decisiones".

_____ ☆ "Tienes todo el derecho de estar en mi contra. ¿Podrías perdonarme, por favor?".

_____ ◊ "Ahora sé que te herí profundamente. Lamento de veras lo que hice".

8. Un compañero de trabajo se burló involuntariamente de ti y te avergonzó frente a los demás en tu trabajo. Debería manifestar:

_____ △ "¿Hay alguna forma en que pueda reparar nuestra relación? ¿Te gustaría que me disculpara contigo frente al personal?".

_____ ❑ "Es fácil no valorar los sentimientos ajenos, pero quiero tener más consideración contigo y con los demás en el futuro. ¿Podrías ayudarme a rendirte cuentas?".

_____ ☆ "Yo no quería hacerte daño, y lo único que puedo hacer ahora es pedirte perdón y tratar de no volver a cometer el mismo error".

_____ ◊ "Lamento mucho haberte avergonzado como lo hice. Desearía que pudiera retroceder en el tiempo y decir algo más apropiado".

_____ ○ "Eso fue muy desconsiderado por mi parte. Creí que era gracioso, pero obviamente no tiene ninguna gracia lastimarte".

181

9. Intentabas decir a tu amigo algo importante, y él no mostró interés. Él debería explicar:

____ ❑ "Metí la pata esta vez, pero prometo prestarte en el futuro toda mi atención cuando tengas algo importante que decirme".

____ ☆ "Lamento que no te escuchara. No tienes que perdonarme, pero espero que lo hagas".

____ ◊ "Me siento realmente mal por no escuchar lo que estabas diciendo. Sé lo que se siente al tener algo importante que decir. Me arrepiento de no haberte escuchado".

____ ○ "Escuchar es muy importante en una relación fuerte, pero una vez más lo arruiné. Necesitabas que te escuchara, y básicamente hice caso omiso a tu necesidad".

____ △ "¿Podemos intentarlo de nuevo? Tú hablas, y yo escucho esta vez. Tendrás toda mi atención".

10. Tu hermano se enteró que antes se había equivocado respecto a un punto importante de conflicto entre ustedes dos. Él debería explicar:

____ ☆ "Discúlpame. ¿Me perdonas?".

____ ◊ "Estoy enojado conmigo por el modo en que manejé nuestro desacuerdo. Mi comportamiento amenazó nuestra relación, y eso me asusta. Lamento la forma en que actué".

____ ○ "Admito que me equivoqué. Si entonces hubiera sabido lo que sé ahora, podría habernos ahorrado mucho dolor de cabeza".

_____ △ "¿Qué puedo hacer para reparar nuestra relación? Siento que debo hacer o decir algo para restaurar tu respeto por mí".

_____ ❑ "Si discrepamos por un tema en el futuro, planeo recopilar toda la evidencia antes de hacer algún juicio. Eso podría ahorrarnos altercados innecesarios".

11. Aunque muchas veces antes le has expresado tu molestia con un hábito particular, tu cónyuge sigue exhibiendo el comportamiento para molestarte. Debería declarar:

_____ ◊ "He llevado esto demasiado lejos. Lamento mucho no tener más consideración con tus deseos. No me gustaría que me hicieras eso".

_____ ◑ "Está bien, lo admito; estoy molestándote a propósito, y eso no es gracioso ni justo. Debo actuar con mayor madurez".

_____ △ "Expresar 'lo siento' no hará olvidar el hecho de que he tratado a sabiendas de molestarte. ¿Qué más puedo hacer para recuperar tu favor?".

_____ ❑ "He adquirido el hábito de hacer caso omiso a tus deseos, y no quiero seguir haciendo eso. A partir de ahora voy a hacer un esfuerzo extra por honrar tus deseos".

_____ ☆ "He probado tu paciencia, y estoy pidiéndote que me perdones. ¿Me permites un nuevo comienzo en honrar tus peticiones?".

CUANDO DECIR "LO SIENTO" NO ES SUFICIENTE

12. Tu padre te ha dado el "tratamiento del silencio" como una forma de hacerte sentir culpable acerca de algo en lo que ustedes dos no estaban de acuerdo. Debería decir:

_____ ○ "No se puede negar que soy culpable. Debí haber manejado la situación con más justicia y honestidad".

_____ △ "Me gustaría compensarte esto de algún modo, y quiero seguir hablando contigo. ¿Puedo invitarte a cenar?".

_____ ❑ "En el futuro seré más honesto respecto a cómo me siento sin hacerte sentir culpable por no estar de acuerdo conmigo".

_____ ☆ "Es tu decisión, pero en realidad espero que me perdones".

_____ ◊ "Eres adulto, y me siento realmente mal por controlar tus decisiones. No quiero arriesgarme a dañar nuestra relación".

13. Un socio comercial rompió una promesa y te hizo incumplir un importante plazo de entrega. Debería expresar:

_____ ❑ "Ahora es demasiado tarde para hacer algo al respecto, pero quiero evitar que este error se repita. Hablemos de lo que yo pueda hacer en el futuro para cumplir mis promesas".

_____ ☆ "No espero que me perdones considerando los problemas que te he causado, pero apreciaría en gran manera que me perdonaras".

_____ ◊ "Lo siento mucho. Prometí que te ayudaría, y no solo te decepcioné, sino que te hice incumplir tu plazo de entrega. Sé que esto pone en peligro tu trabajo y nuestra sociedad".

184

_____ ◑ "Realmente metí la pata esta vez. No cumpliste tu plazo de entrega por mí".

_____ △ "No sé qué podría hacer en este momento; sin embargo, ¿hay alguna forma en que pueda compensarte por mi parte en tu plazo de entrega incumplido?".

14. Tu vecino te pidió que lo esperaras fuera del estadio, pero no apareció para el concierto. Debería manifestar:

_____ ☆ "Nuestra amistad realmente importa, y espero que no te des por vencido conmigo. ¿Me perdonas por dejarte plantado?".

_____ ◇ "Lamento mucho que te hayas quedado fuera esperándome. Eres importante para mí, y debí honrarte y honrar tu tiempo estando allí como prometí".

_____ ◑ "Te quedaste allí esperándome y pensando que yo llegaría en cualquier momento, y te decepcioné. Si solo hubiera organizado mi tiempo de modo distinto, habría llegado puntual. Es totalmente culpa mía".

_____ △ "Vamos a otro concierto, y esta vez pagaré tu boleto como una forma de disculparme por dejarte plantada la última vez".

_____ ❑ "En el futuro manejaré mi tiempo y daré prioridad a mi agenda para cumplir con nuestra amistad como debería".

15. El hijo de una amiga rompió una de tus posesiones más preciadas mientras te visitaban en casa. Tu amiga debería expresar:

_____ ◊ "Sé que esta era una de tus posesiones más apreciadas, y me siento terrible por lo que sucedió".

_____ ○ "Debí vigilar más de cerca a mi hijo. Fue culpa mía por no poner más atención a lo que estaba sucediendo. Si yo hubiera hecho un par de cosas en forma distinta, esto no habría ocurrido".

_____ △ "¿Puedo pagarte este artículo especial, o comprártelo en alguna parte? ¿Hay alguna manera en que pueda reemplazarlo?".

_____ ❑ "Prometo que protegeré más tus posesiones en el futuro y que no permitiré que mi hijo juegue en zonas 'no permitidas' cuando estemos en tu casa".

_____ ☆ "Tienes el derecho de enojarte, pero espero que puedas perdonarme y que conservemos nuestra amistad a pesar de tu desilusión".

16. Un miembro de la iglesia te culpó de ser el único responsable por el fracaso de un proyecto del comité, aunque compartió los deberes de liderazgo del comité. Debería declarar:

_____ △ "No hay excusa por mi comportamiento, y la única forma en que voy a sentirme remotamente mejor es que me permitas compensar las cosas entre nosotros. ¿Qué necesitas que yo haga o diga?".

_____ ❑ "Voy a aprender a tratar más apropiadamente a los miembros de mi equipo, o no voy a dirigir más comités. Quiero aprender de esta experiencia".

_____ ☆ "Perdóname, por favor. Me equivoqué al culparte, y oro para que me perdones".

_____ ◊ "No puedo creer que te culpara como lo hice. Estoy realmente avergonzado por mi comportamiento, y lo lamento mucho".

_____ ○ "Tuve tanto que ver con el fracaso de este proyecto como tú o cualquier otra persona. Debí haber admitido mis defectos en este aspecto".

17. A pesar de su promesa de guardar tu secreto, tu compañero de trabajo traicionó tu confianza en él al contarlo a otros en la oficina. Debería expresar:

_____ ○ "Te aseguré que guardaría tu secreto, incumplí mi promesa y traicioné tu confianza en mí. Cometí un terrible error".

_____ △ "Ayúdame a saber qué debo hacer para restaurar tu confianza en mí".

_____ ❑ "Puede llevarte algo de tiempo reconstruir tu confianza en mí, pero me esforzaré mucho de ahora en adelante para demostrar que soy confiable".

_____ ☆ "No tienes que contestar inmediatamente, pero ¿pensarías en perdonarme por cometer esta equivocación?".

_____ ◊ "¡Si tan solo hubiera pensado cuánto daño estaba haciendo al contar tu secreto...! Me sentí muy mal por no haber tomado más en serio mi promesa".

18. Tu compañera de cuarto habló negativamente de ti a otros en el equipo. Debería decir:

____ △ "Quiero hacer todo lo posible por corregir mi error. ¿Me disculpo delante del equipo?".

____ ❏ "Si alguna vez vuelvo a enojarme contigo, prometo poner en orden mis pensamientos y acudir directa y respetuosamente a ti".

____ ☆ "Tal vez no puedas perdonarme, al menos no por ahora, pero espero que me perdones algún día".

____ ◊ "Lo que dije fue cruel y desagradable. Lamento lo que dije, y desearía poder retractarme".

____ ◯ "Tuve mala actitud y ni una vez pensé en tus atributos positivos. Debí haber pensado más en lo que estaba diciendo".

19. A pesar de que tienes varios logros positivos, tu supervisor solo criticó tus resultados. Debería decir:

____ ❏ "Mereces reconocimiento por tu duro trabajo. Trataré de ser más equilibrado la próxima vez".

____ ☆ "Espero que esto no perjudique nuestra relación. ¿Aceptarías mis disculpas?".

____ ◊ "Lamento mucho que me haya centrado en las pequeñas fallas de tus resultados, y no te animara más".

____ ◯ "No te felicité por las muchas fortalezas que tuviste, y quizás sentiste que toda tu práctica fue en vano. Como tu supervisor debo ser más elogioso con todo el buen trabajo que haces".

____ △ "¿Cómo puedo ganar tu perdón? ¿Debo escribir los puntos fuertes de tu rendimiento?".

20. Durante el almuerzo, tu mesero tiró comida sobre ti y arruinó tu camisa. Debería decir:

____ ☆ "¿Puede perdonarme por mi descuido, por favor?".

_____ ◊ "Lamento mucho eso. Me siento mal que le haya arruinado la camisa y le haya causado molestias".

_____ ○ "Normalmente tengo mucho cuidado, pero esta vez me descuidé en gran manera. Asumo la total responsabilidad por este desastre".

_____ △ "Me gustaría pagarle el lavado en seco de su camisa o el costo de una camisa nueva. ¿Qué le parece más apropiado?".

_____ ❑ "Esto me ha enseñado una dura lección. Tenga la seguridad de que tendré más cuidado en el futuro cuando sirva a mis clientes".

REGISTRA E INTERPRETA TU PUNTAJE

Regresa y cuenta cuántas veces marcaste cada uno de los símbolos individuales. Luego transfiere esos totales a las siguientes columnas correspondientes. Por ejemplo, si marcaste ❑ ocho veces, escribe el número 8 en el espacio en blanco sobre el símbolo ❑ a continuación.

_____   _____   _____   _____   _____
   ◊   ○   △   ❑   ☆

Como pudiste haber imaginado, cada uno de los cinco símbolos representa cierto lenguaje de la disculpa. Por tanto, ◊ = Expresar arrepentimiento, ○ = Aceptar la responsabilidad, △ = Restituir, ❑ = Arrepentirse de veras, y ☆ = Pedir perdón. Cualquier símbolo que hayas marcado más veces al contestar las veinte preguntas del perfil es tu principal lenguaje de la disculpa.

Obviamente, veinte es la mayor puntuación posible por cualquiera de los lenguajes individuales. Si obtuviste la misma cantidad de puntos por dos o más lenguajes, podrías sentirte igualmente receptivo a dos o más de los lenguajes de la disculpa.

Biblia devocional:
Los lenguajes del amor

Lectores de Gary Chapman dicen que sus enseñanzas son relevantes, útiles, simples, eficaces… y él aporta su estilo a esta Biblia. Esta Biblia incluye la versión Reina-Valera 1960, 260 devocionales diarios, 52 estudios bíblicos para cada fin de semana, guías de oración, introducciones a los libros de la Biblia y mucho más.

Intentem◯s
de
nuev◯

*Qué hacer cuando tu matrimonio
se está desmoronando*

GARY CHAPMAN

Autor del éxito de ventas *Los 5 lenguajes del amor*

Si sientes que tu matrimonio está a punto de romperse, o incluso si ya se han separado, Gary Chapman te mostrará cómo puedes darle a tu relación una nueva oportunidad.

Este libro te ayudará a…
- dar el siguiente paso cuando enfrentas dificultades en el matrimonio;
- descubrir maneras saludables para manejar la frustración y la ira;
- lidiar efectivamente con la soledad;
- renovar la esperanza y la confianza en tu pareja;
- reconstruir tu matrimonio desde cero.

E D I T O R I A L
PORTAVOZ

NUESTRA VISIÓN

Maximizar el efecto de recursos cristianos de calidad que transforman vidas.

NUESTRA MISIÓN

Desarrollar y distribuir productos de calidad —con integridad y excelencia—, desde una perspectiva bíblica y confiable, que animen a las personas a conocer y servir a Jesucristo.

NUESTROS VALORES

Nuestros valores se encuentran fundamentados en la Biblia, fuente de toda verdad para hoy y para siempre. Nosotros ponemos en práctica estas verdades bíblicas como fundamento para las decisiones, normas y productos de nuestra compañía.

Valoramos la excelencia y la calidad.
Valoramos la integridad y la confianza.
Valoramos el mérito y la dignidad de los individuos y las relaciones.
Valoramos el servicio.
Valoramos la administración de los recursos.

Para más información acerca de nuestra editorial y los productos que publicamos visite nuestra página en la red: www.portavoz.com.